Aromatična Potovanja v Indijo
Okusi in Tradicije

Priya Sharma

Kazalo

Ostri bananin ocvrtek 18
    Sestavine 18
    metoda 18
Masala Dosa 19
    Sestavine 19
    metoda 19
Sojin kebab 21
    Sestavine 21
    metoda 22
Zdrob Idli 23
    Sestavine 23
    metoda 24
Jajčno-krompirjev kotlet 25
    Sestavine 25
    metoda 25
Chivda 26
    Sestavine 26
    metoda 27
Kruh Bhajjia 28
    Sestavine 28
    metoda 28
Jajčna masala 29
    Sestavine 29

- metoda 30
- Škamp pakoda 31
  - Sestavine 31
  - metoda 31
- Hrustljavi sir 32
  - Sestavine 32
  - metoda 33
- Mysore Bonda 34
  - Sestavine 34
  - metoda 34
- Radhaballabhi 35
  - Sestavine 35
  - metoda 35
- Medu Vada 37
  - Sestavine 37
  - metoda 37
- Paradižnikova omleta 38
  - Sestavine 38
  - metoda 38
- Jajce Bhurji 40
  - Sestavine 40
  - metoda 41
- Jajčni kotlet 42
  - Sestavine 42
  - metoda 43
- Jhal Mudi 44
  - Sestavine 44

metoda 44
Tofu tikka 45
    Sestavine 45
    Za marinado: 45
    metoda 45
Aloo Kabli 47
    Sestavine 47
    metoda 47
Masala omleta 48
    Sestavine 48
    metoda 49
Masala arašidi 50
    Sestavine 50
    metoda 50
Kothmir Wadi 51
    Sestavine 51
    metoda 52
Riževi in koruzni zvitki 53
    Sestavine 53
    metoda 53
Dahi šnicel 54
    Sestavine 54
    metoda 54
Uthappam 56
    Sestavine 56
    metoda 56
Koraishutir Kochuri 57

- Sestavine 57
    - metoda 57
- Kanda Vada 59
    - Sestavine 59
    - metoda 59
- Aloo Tuk 60
    - Sestavine 60
    - metoda 60
- Kokosov šnicel 62
    - Sestavine 62
    - metoda 62
- Mung kalček Dhokla 64
    - Sestavine 64
    - metoda 64
- Paneer Pakoda 65
    - Sestavine 65
    - metoda 66
- Indijska mesna štruca 67
    - Sestavine 67
    - metoda 68
- Paneer Tikka 69
    - Sestavine 69
    - Za marinado: 69
    - metoda 70
- Panir šnicel 71
    - Sestavine 71
    - metoda 72

Dhal ke kebab 73
    Sestavine 73
    metoda 73
Slane riževe kroglice 74
    Sestavine 74
    metoda 74
Hranljiva rolada Roti 75
    Sestavine 75
    Za roti: 75
    metoda 76
Piščančji kebab z meto 77
    Sestavine 77
    metoda 78
Masala čips 79
    Sestavine 79
    metoda 79
Mešana zelenjavna samosa 80
    Sestavine 80
    Za pecivo: 80
    metoda 81
Mesna štruca 82
    Sestavine 82
    metoda 82
Golli kebab 83
    Sestavine 83
    metoda 84
Mathis 85

Sestavine 85

metoda 85

Poha Pakoda 86

Sestavine 86

metoda 87

Hariyali Murgh Tikka 88

Sestavine 88

Za marinado: 88

metoda 89

Boti kebab 90

Sestavine 90

metoda 91

Chaat 92

Sestavine 92

metoda 93

Kokosova doza 94

Sestavine 94

metoda 94

Polpeti iz suhega sadja 95

Sestavine 95

metoda 95

Kuhan riž dosa 96

Sestavine 96

metoda 97

Polpeti iz nezrele banane 98

Sestavine 98

metoda 99

Sooji Vada 100

    Sestavine 100

    metoda 100

Sladki in kisli zalogaji 102

    Sestavine 102

    Za Mutias: 102

    metoda 103

Polpeti s kozicami 104

    Sestavine 104

    metoda 105

Reshmi kebab 106

    Sestavine 106

    metoda 106

Užitek iz počene pšenice 107

    Sestavine 107

    metoda 108

Methi Dhokla 109

    Sestavine 109

    metoda 109

Grahove polpete 110

    Sestavine 110

    metoda 111

Nimki 112

    Sestavine 112

    metoda 112

Dahi pakoda chaat 113

    Sestavine 113

metoda	113
Kutidhal Dhokla	115
Sestavine	115
metoda	115
Ghugni	116
Sestavine	116
metoda	117
Peppery Mung Dhal	118
Sestavine	118
metoda	118
Dhal Buhara	119
Sestavine	119
metoda	120
Methi Dhal	121
Sestavine	121
Za začimbo:	122
metoda	122
Malai Koftas	123
Sestavine	123
Za kofto:	124
metoda	124
Aloo Palak	126
Sestavine	126
metoda	127
Dum ka Karela	128
Sestavine	128
Za nadev:	128

Za začimbo: 129

metoda 129

Navratna curry 131

Sestavine 131

Za začimbno mešanico: 132

metoda 132

Kofta iz mešane zelenjave v paradižnikovem kariju 134

Sestavine 134

Za curry: 134

metoda 135

Mutije v beli omaki 136

Sestavine 136

Za Mutias: 137

metoda 137

Rjavi curry 138

Sestavine 138

metoda 139

Diamond Curry 140

Sestavine 140

Za diamante: 140

metoda 141

zelenjavna enolončnica 142

Sestavine 142

metoda 143

Kari z gobami in grahom 144

Sestavine 144

metoda 145

Navratan korma 146

    Sestavine 146

    metoda 147

Sindhi Sai Bhaji* 148

    Sestavine 148

    metoda 149

Nawabi rdeča pesa 150

    Sestavine 150

    metoda 151

Baghara Baingan 152

    Sestavine 152

    metoda 153

Dušena korenčkova kofta 154

    Sestavine 154

    Za kofto: 154

    Za pasto: 155

    metoda 156

Dhingri Shabnam 157

    Sestavine 157

    Za nadev: 157

    Za omako: 157

    metoda 158

Gobe Xacutti 160

    Sestavine 160

    metoda 161

Panir in koruzni curry 162

    Sestavine 162

metoda 163
Basant Bahar 164
    Sestavine 164
    Za omako: 165
    metoda 165
Palak kofta 167
    Sestavine 167
    Za kofto: 167
    Za omako: 167
    metoda 168
Zeljne kofte 170
    Sestavine 170
    Za kofto: 170
    Za omako: 170
    metoda 171
Koottu 172
    Sestavine 172
    metoda 173
Paneer maslo masala 174
    Sestavine 174
    Za omako: 174
    metoda 175
Mor Kolambu 176
    Sestavine 176
    Za začimbno mešanico: 176
    metoda 177
Aloo Gobhi aur Methi ka Tuk 178

Sestavine 178
    metoda 179
Avial 180
    Sestavine 180
    metoda 181
Curry iz pinjenca 182
    Sestavine 182
    metoda 183
Cvetačna krema curry 184
    Sestavine 184
    metoda 185
grah 186
    Sestavine 186
    metoda 187
Aloo Posto 188
    Sestavine 188
    metoda 188
Zeleno bruhanje 189
    Sestavine 189
    metoda 190
Matar paneer 191
    Sestavine 191
    metoda 192
Dahi Karela 193
    Sestavine 193
    metoda 194
Paradižnikov curry z zelenjavo 195

- Sestavine 195
  - metoda 195
- Doodhi s Chano Dhal 196
  - Sestavine 196
  - metoda 197
- Tomato Chi Bhaji* 198
  - Sestavine 198
  - metoda 198
- Suh krompir 199
  - Sestavine 199
  - metoda 199
- Polnjena bamija 200
  - Sestavine 200
  - metoda 201
- Masala okra 202
  - Sestavine 202
  - metoda 202
- Simla Matar 203
  - Sestavine 203
  - metoda 204
- francoski fižol 205
  - Sestavine 205
  - metoda 205
- Masala bobnarske palčke 206
  - Sestavine 206
  - metoda 207
- Suhi pikantni krompir 208

Sestavine 208

metoda 209

Khatte Palak 210

Sestavine 210

metoda 211

Mešana zelenjava tri v enem 212

Sestavine 212

metoda 212

Krompir v jogurtovi omaki 213

Sestavine 213

Za začimbno mešanico: 213

metoda 213

Ostri bananin ocvrtek

za 4

Sestavine

4 nezrele banane

125 g besana*

75 ml vode

½ žličke čilija v prahu

¼ žličke kurkume

½ žličke Amchoor*

Sol po okusu

Rafinirano rastlinsko olje za globoko cvrtje

metoda

- Banane kuhajte v lupini na pari 7-8 minut. Olupite in narežite na rezine. Dati na stran.

- Vse preostale sestavine razen olja zmešamo v gosto testo. Dati na stran.

- V ponvi segrejemo olje. Bananine rezine pomakamo v testo in na zmernem ognju pražimo do zlato rjave barve.

- Postrezite vroče z metinim čatnijem

Masala Dosa

(Crêpe s pikantnim krompirjevim nadevom)

Naredi 10-12

Sestavine

2 žlici rafiniranega rastlinskega olja

½ žlice Urad Dhal*

½ žličke kuminovih semen

½ žličke gorčičnih semen

2 veliki čebuli, drobno sesekljani

¼ žličke kurkume

Sol po okusu

2 velika krompirja, kuhana in narezana

1 žlica koriandrovih listov, sesekljanih

Sveža Sada Dosa

metoda

- V loncu segrejemo olje. Dodajte urad dhal, kumino in gorčična semena. Pustite jih jecljati 15 sekund. Dodamo čebulo in pražimo, da postekleni.

- Dodamo kurkumo, sol, krompir in liste koriandra. Dobro premešamo in odstranimo z ognja.

- Na sredino vsake sada dose položite žlico te krompirjeve mešanice.

- Zložimo v trikotnik, da prekrijemo krompirjevo mešanico. Postrezite vroče s kokosovim čatnijem

Sojin kebab

Moč 2

Sestavine

500g/1lb 2oz sojinih grudkov, namočenih čez noč

1 čebula, drobno sesekljana

3-4 stroki česna

2,5 cm ingverjeve korenine

1 žlička limoninega soka

2 žlički koriandrovih listov, sesekljanih

2 žlici namočenih in zmletih mandljev

½ žličke garam masala

½ žličke čilija v prahu

1 žlička chaat masala*

Rafinirano rastlinsko olje za plitvo cvrtje

metoda

- Odcedite sojine nuggets. Dodajte vse preostale sestavine razen olja. Zmeljemo v gosto pasto in postavimo v hladilnik za 30 minut.

- Zmes razdelite na kroglice v velikosti oreha in jih plosko stisnite.

- V ponvi segrejemo olje. Dodamo ražnjiče in pražimo do zlato rjave barve. Postrezite vroče z metinim čatnijem

Zdrob Idli

(zdrobova torta)

Naredi 12

Sestavine

4 žličke rafiniranega rastlinskega olja

150 g zdroba

120 ml kisle smetane

¼ žličke gorčičnih semen

¼ žličke kuminovih semen

5 zelenih čilijev, narezanih

1 cm sesekljane korenine ingverja

4 žlice koriandrovih listov, drobno sesekljanih

Sol po okusu

4-5 curryjevih listov

metoda

- V loncu segrejte 1 čajno žličko olja. Dodamo zdrob in pražimo 30 sekund. Dodajte kislo smetano. Dati na stran.

- V ponvi segrejte preostalo olje. Dodamo gorčična semena, kumino, zeleni čili, ingver, liste koriandra, sol in liste karija. Pražimo 2 minuti.

- To dodajte zdrobovi zmesi. Odstavite za 10 minut.

- Zdrobovo mešanico vlijemo v namaščene modelčke za idli ali kolačke. Kuhajte na pari 15 minut. Odstranite iz modelčkov. Postrezite toplo.

Jajčno-krompirjev kotlet

za 4

Sestavine

4 trdo kuhana jajca, pretlačena

2 krompirja, kuhana in pretlačena

½ žličke mletega črnega popra

2 zelena čilija, sesekljana

1 cm ingverjeve korenine, drobno sesekljane

2 stroka česna, drobno sesekljana

½ žličke limoninega soka

Sol po okusu

Rafinirano rastlinsko olje za plitvo cvrtje

metoda

- Zmešajte vse sestavine razen olja.

- Razdelite na kroglice v velikosti oreha in zatlačite v kotlete.

- V loncu segrejemo olje. Dodamo šnite in jih zlato rjavo pražimo.

- Postrezite toplo.

Chivda

(Mešanica stepenega riža)

za 4

Sestavine

2 žlici rafiniranega rastlinskega olja

1 žlička gorčičnih semen

½ žličke kuminovih semen

½ žličke kurkume

8 curryjevih listov

750g/1lb 10oz Poha*

125 g/4½ oz arašidov

75 g chana dhal*, pražen

1 žlica sladkorja v prahu

Sol po okusu

metoda

- V loncu segrejemo olje. Dodamo gorčična semena, kumino, kurkumo in curryjeve liste. Pustite jih jecljati 15 sekund.

- Dodamo vse preostale sestavine in pražimo na majhnem ognju 4-5 minut.

- Pustite, da se popolnoma ohladi. Hraniti v nepredušni posodi.

OBVESTILO:*To lahko hranimo do 15 dni.*

Kruh Bhajjia

(kruhov krof)

za 4

Sestavine

85 g koruzne moke

1 čebula, drobno sesekljana

½ žličke čilija v prahu

1 žlička mletega koriandra

Sol po okusu

75 ml vode

8 rezin kruha, narezanih na četrtine

Rafinirano rastlinsko olje za globoko cvrtje

metoda

- Vse sestavine razen kruha in olja zmešamo v gosto testo.

- V ponvi segrejemo olje. Koščke kruha pomakamo v testo in pražimo do zlato rjave barve.

- Postrezite vroče s kečapom ali metinim čatnijem.

Jajčna masala

za 4

Sestavine

2 majhni čebuli, sesekljani

2 zelena čilija, sesekljana

2 žlici rafiniranega rastlinskega olja

1 žlička ingverjeve paste

1 žlička česnove paste

1 žlička čilija v prahu

½ žličke kurkume

1 žlička mletega koriandra

1 žlička mlete kumine

½ žličke garam masala

2 paradižnika, drobno narezana

2 žlici besana*

Sol po okusu

25 g koriandrovih listov, drobno sesekljanih

8 jajc, kuhanih in razpolovljenih

metoda

- Nasekljano čebulo in zelene čilije zmeljemo v grobo pasto.

- V loncu segrejemo olje. Dodajte to pasto skupaj z ingverjevo pasto, česnovo pasto, čilijem v prahu, kurkumo, mletim koriandrom, mleto kumino in garam masalo. Dobro premešamo in med stalnim mešanjem pražimo 3 minute.

- Dodamo paradižnik in pražimo 4 minute.

- Dodamo besan in sol. Dobro premešamo in pražimo še kakšno minuto.

- Dodamo liste koriandra in na srednjem ognju pražimo še 2-3 minute.

- Dodamo jajca in nežno premešamo. Masala naj dobro prekrije jajca z vseh strani. Na majhnem ognju kuhamo 3-4 minute.

- Postrezite toplo.

Škamp pakoda

(prigrizek s ocvrtimi kozicami)

za 4

Sestavine

250 g kozic, olupljenih in očiščenih

Sol po okusu

375 g besana*

1 žlička ingverjeve paste

1 žlička česnove paste

½ žličke kurkume

1 čajna žlička garam masala

150 ml vode

Rafinirano rastlinsko olje za globoko cvrtje

metoda

- Kozico mariniramo s soljo 20 minut.
- Dodajte preostale sestavine razen olja.
- Dodajte toliko vode, da nastane gosto testo.
- V loncu segrejemo olje. Maso dodajamo po žličkah in na srednjem ognju pražimo do zlato rjave barve. Odcedimo na vpojni papir.
- Postrezite vroče z metinim čatnijem.

Hrustljavi sir

za 6

Sestavine

2 žlici bele moke

240 ml mleka

4 žlice masla

1 srednja čebula, drobno sesekljana

Sol po okusu

150 g kozjega sira, odcejenega

150 g cheddar sira, naribanega

12 rezin kruha

2 jajci, razžvrkljani

metoda

- V ponvi zmešajte moko, mleko in 1 žličko masla. Zavremo in pazimo, da ne nastanejo grudice. Dušimo toliko časa, da se zmes zgosti. Dati na stran.
- V kozici segrejte preostalo maslo. Na zmernem ognju pražimo čebulo do mehkega.
- Dodajte sol, kozji sir, cheddar sir in mešanico moke. Dobro premešamo in odstavimo.
- Rezine kruha namažite z maslom. Na 6 rezin z žlico razporedite sirno mešanico in pokrijte z ostalimi 6 rezinami.
- Vrhove teh sendvičev premažite s stepenim jajcem.
- Pečemo v predhodno ogreti pečici na 180°C (350°F/plinska oznaka 6) 10-15 minut do zlato rjave barve. Postrezite vroče s kečapom.

Mysore Bonda

(južnoindijski ocvrti cmoki iz moke)

Naredi 12

Sestavine

175 g čiste bele moke

1 majhna čebula, drobno sesekljana

1 žlica riževe moke

120 ml kisle smetane

Ščepec sode bikarbone

2 žlici koriandrovih listov, sesekljanih

Sol po okusu

Rafinirano rastlinsko olje za globoko cvrtje

metoda

- Naredite testo tako, da zmešate vse sestavine razen olja. Pustite stati 3 ure.
- V ponvi segrejemo olje. Dodamo žličnike testa in pražimo na srednjem ognju do zlato rjave barve. Postrezite vroče s kečapom.

Radhaballabhi

(Slani bengalski zvitki)

Naredi 12-15

Sestavine

4 žlice mung dala*

4 žlice chana dhal*

4 nageljnove žbice

3 zeleni stroki kardamoma

½ žličke kuminovih semen

3 žlice gheeja plus dodatek za globoko cvrtje

Sol po okusu

350 g bele moke

metoda

- Dhale namočite čez noč. Odlijemo vodo in zmeljemo v pasto. Dati na stran.
- Nageljnove žbice, kardamom in kumino zmeljemo skupaj.
- V ponvi segrejte 1 žlico gheeja. Mlete začimbe pražimo 30 sekund. Dodajte pasto dhal in sol. Na srednjem ognju med mešanjem pražimo do suhega. Dati na stran.

- Zgnetemo moko z 2 žlicama gheeja, soljo in toliko vode, da nastane čvrsto testo. Razdelite na kroglice velikosti limone. Razvaljamo na rezine in na sredino položimo kroglico ocvrtega dala. Zatesnite kot vrečko.
- Vrečke razvaljajte v debel puris, vsak premera 10 cm. Dati na stran.
- V loncu segrejte ghee. Puris prepražimo do zlato rjave barve.
- Odcedimo na vpojni papir in postrežemo vroče.

Medu Vada

(ocvrti kolački iz leče)

za 4

Sestavine

300g/10oz Uradni Dhal*, namočeno 6 ur

Sol po okusu

¼ žličke asafetide

8 curryjevih listov

1 žlička kuminovih semen

1 čajna žlička mletega črnega popra

Rafinirana zelenjava za globoko cvrtje

metoda

- Odcedite urad dhal in ga zmeljite v gosto, suho pasto.
- Dodajte vse preostale sestavine razen olja in dobro premešajte.
- Zmočite si dlani. Iz testa oblikujemo kroglico velikosti limone, jo sploščimo in v sredini prebodemo luknjo kot krof. Ponovite za preostanek testa.
- V ponvi segrejemo olje. Vade prepražimo do zlato rjave barve.
- Postrezite vroče s sambharjem.

Paradižnikova omleta

Naredi 10

Sestavine

2 velika paradižnika, drobno narezana

180 g besana*

85 g polnozrnate moke

2 žlici zdroba

1 velika čebula, drobno sesekljana

½ žličke ingverjeve paste

½ žličke česnove paste

¼ žličke kurkume

½ žličke čilija v prahu

1 žlička mletega koriandra

½ žličke mlete kumine, suho pražene

25 g koriandrovih listov, sesekljanih

Sol po okusu

120 ml vode

Rafinirana zelenjava za mazanje

metoda

- Vse sestavine razen olja zmešamo v gosto testo.

- Namastite in segrejte ravno ponev. Po vrhu razporedimo žlico testa.
- Omleto pokapljamo z malo olja, pokrijemo s pokrovko in na srednjem ognju kuhamo 2 minuti. Obrnite in ponovite. Ponovite za preostalo testo.
- Postrezite vroče s paradižnikovim kečapom ali metinim čatnijem

Jajce Bhurji

(pikantna umešana jajca)

za 4

Sestavine

4 žlice rafiniranega rastlinskega olja

½ žličke kuminovih semen

2 veliki čebuli, drobno sesekljani

8 strokov česna, drobno sesekljanih

½ žličke kurkume

3 zeleni čiliji, drobno narezani

2 paradižnika, drobno narezana

Sol po okusu

8 jajc, stepanih

10 g sesekljanih listov koriandra

metoda

- V loncu segrejemo olje. Dodamo semena kumine. Pustite jih jecljati 15 sekund. Dodamo čebulo in jo na srednjem ognju pražimo, da postekleni.
- Dodajte česen, kurkumo, zeleni čili in paradižnik. Pražimo 2 minuti. Dodamo jajca in med nenehnim mešanjem kuhamo toliko časa, da so jajca pečena.
- Okrasite z listi koriandra in postrezite vroče.

Jajčni kotlet

Moč 8

Sestavine

240 ml rafiniranega rastlinskega olja

1 velika čebula, drobno sesekljana

1 žlička ingverjeve paste

1 žlička česnove paste

Sol po okusu

½ žličke mletega črnega popra

2 velika krompirja, kuhana in pretlačena

8 trdo kuhanih jajc, razpolovljenih

1 jajce, pretepeno

100 g drobtin

metoda

- V loncu segrejemo olje. Dodajte čebulo, ingverjevo pasto, česnovo pasto, sol in črni poper. Na srednjem ognju pražimo do rjave barve.
- Dodajte krompir. Pražimo 2 minuti.
- Iztrgajte rumenjaka in ga dodajte krompirjevi zmesi. Dobro premešaj.
- Izdolbena jajca napolnimo z mešanico krompirja in rumenjakov.
- Pomakamo jih v stepeno jajce in povaljamo v drobtinah. Dati na stran.
- V ponvi segrejemo olje. Jajca zlato ocvremo. Postrezite toplo.

Jhal Mudi

(Pikanten napihnjen riž)

Služi za 5-6

Sestavine

300 g Kurmure*

1 kumara, drobno sesekljana

125 g kuhane čane*

1 velik krompir, kuhan in drobno narezan

125 g praženih arašidov

1 velika čebula, drobno sesekljana

25 g koriandrovih listov, drobno sesekljanih

4-5 žlic gorčičnega olja

1 žlica mlete kumine, suho pražene

2 žlici limoninega soka

Sol po okusu

metoda

- Vse sestavine zmešajte skupaj, da se dobro premešajo. Postrezite takoj.

Tofu tikka

Naredi 15

Sestavine

300 g tofuja, narezanega na 5 cm velike kose

1 zelena paprika, narezana na kocke

1 paradižnik, narezan na kocke

1 velika čebula, narezana na kocke

1 žlička chaat masala*

250 g grškega jogurta

½ žličke garam masala

½ žličke kurkume

1 žlička česnove paste

1 žlička limoninega soka

Sol po okusu

1 žlica rafiniranega rastlinskega olja

Za marinado:

25g/nekaj 1oz zmletih koriandrovih listov

25g/nekaj 1oz zmletih listov mete

metoda

- Sestavine za marinado zmešajte skupaj. Tofu marinirajte z mešanico 30 minut.
- Pecite na žaru s koščki paprike, paradižnika in čebule 20 minut, občasno obrnite.
- Po vrhu potresemo chaat masalo. Postrezite vroče z metinim čatnijem

Aloo Kabli

(pikantna mešanica krompirja, čičerike in tamarinde)

za 4

Sestavine

3 veliki krompirji, kuhani in na drobno narezani

250 g belega graha*, kuhano

1 velika čebula, drobno sesekljana

1 zelen čili, drobno narezan

2 žlički tamarind paste

2 žlički suhih praženih semen kumine, mletih

10 g sesekljanih listov koriandra

Sol po okusu

metoda

- Vse sestavine zmešajte skupaj v skledi. Rahlo zdrobite.
- Postrezite ohlajeno ali na sobni temperaturi.

Masala omleta

Moč 6

Sestavine

8 jajc, stepanih

1 velika čebula, drobno sesekljana

1 paradižnik, drobno narezan

4 zeleni čili, drobno narezani

2-3 stroki česna, drobno sesekljani

2,5 cm ingverjeve korenine, drobno sesekljane

3 žlice koriandrovih listov, drobno sesekljanih

1 žlička chaat masala*

½ žličke kurkume

Sol po okusu

6 žlic rafiniranega rastlinskega olja

metoda

- Združite vse sestavine razen olja in dobro premešajte.
- Segrejte ponev in jo premažite z 1 žlico olja. Po vrhu namažemo šestino jajčne zmesi.
- Ko je strjena, omleto obrnite in pecite drugo stran na zmernem ognju.
- Ponovite za preostanek testa.
- Postrezite vroče s kečapom ali metinim čatnijem

Masala arašidi

za 4

Sestavine

500 g praženih arašidov

1 velika čebula, drobno sesekljana

3 zeleni čiliji, drobno narezani

25 g koriandrovih listov, drobno sesekljanih

1 velik krompir, kuhan in narezan

1 žlička chaat masala*

1 žlica limoninega soka

Sol po okusu

metoda

- Vse sestavine zmešajte skupaj, da se dobro premešajo. Postrezite takoj.

Kothmir Wadi

(Ocvrte koriandrove kroglice)

Naredi 20-25

Sestavine

100 g koriandrovih listov, drobno sesekljanih

250 g besana*

45 g riževe moke

3 zeleni čiliji, drobno narezani

½ žličke ingverjeve paste

½ žličke česnove paste

1 žlica sezamovih semen

1 žlička kurkume

1 žlička mletega koriandra

1 žlička sladkorja

¼ žličke asafetide

¼ žličke natrijevega bikarbonata

Sol po okusu

150 ml vode

Rafinirano rastlinsko olje za mazanje in dodatek za plitvo cvrtje

metoda

- V skledi zmešajte vse sestavine razen olja. Dodajte malo vode, dokler ne dobite gostega testa.
- Okrogel pekač za torte premera 20 cm namastimo z oljem in vanj vlijemo testo.
- Kuhajte na pari 10-15 minut. Odstavimo, da se ohladi za 10 minut. Poparjeno mešanico narežite na kvadratne kose.
- V ponvi segrejemo olje. Koščke plosko popečemo na obeh straneh do zlato rjave barve. Postrezite toplo.

Riževi in koruzni zvitki

za 4

Sestavine

100 g duševnega riža, pire

200 g kuhanih koruznih zrn

125 g besana*

1 velika čebula, drobno sesekljana

1 čajna žlička garam masala

½ žličke čilija v prahu

10 g sesekljanih listov koriandra

Sok 1 limone

Sol po okusu

Rafinirano rastlinsko olje za globoko cvrtje

metoda

- Zmešajte vse sestavine razen olja.
- V loncu segrejemo olje. Maso po žličkah dodajamo na olje in z vseh strani zlato rjavo pražimo.
- Odcedimo na vpojni papir. Postrezite toplo.

Dahi šnicel

(jogurtov narezek)

za 4

Sestavine

600 g grškega jogurta

Sol po okusu

3 žlice koriandrovih listov, sesekljanih

6 zelenih čilijev, drobno narezanih

200 g drobtin

1 čajna žlička garam masala

2 žlički sesekljanih orehov

2 žlici bele moke

½ žličke natrijevega bikarbonata

90 ml vode

Rafinirano rastlinsko olje za globoko cvrtje

metoda

- Jogurt zmešajte s soljo, listi koriandra, čilijem, drobtinami in garam masalo. Razdelite na porcije v velikosti limone.

- Na sredino vsakega dela vtisnite nekaj sesekljanih orehov. Dati na stran.
- Zmešajte moko, sodo bikarbono in toliko vode, da dobite redko testo. Šnicle pomakamo v maso in odstavimo.
- V loncu segrejemo olje. Šnicle zlato rjavo prepražimo.
- Postrezite vroče z metinim čatnijem

Uthappam

(riževe palačinke)

Naredi 12

Sestavine

500g/1lb 2oz riža

150 g Uradnega lista*

2 žlički semen piskavice

Sol po okusu

12 žlic rafiniranega rastlinskega olja

metoda

- Zmešajte vse sestavine razen olja. Namočite v vodi 6-7 ur. Odcedimo in zmeljemo v fino pasto. Postavite na stran za fermentacijo 8 ur.
- Segrejte ponev in jo premažite z 1 žličko olja.
- Vlijemo veliko žlico testa. Namažemo kot palačinko.
- Na majhnem ognju kuhamo 2-3 minute. Obrnite in ponovite.
- Ponovite za preostanek testa. Postrezite toplo.

Koraishutir Kochuri

(z grahom polnjen kruh)

za 4

Sestavine

175 g čiste bele moke

¾ žličke soli

2 žlici gheeja plus dodatek za globoko cvrtje

500g/1lb 2oz zamrznjenega graha

2,5 cm ingverjeve korenine

4 majhni zeleni čiliji

2 žlici komarčkovih semen

¼ žličke asafetide

metoda

- Zgnetemo moko s ¼ čajne žličke soli in 2 žlicama gheeja. Dati na stran.
- Grah, ingver, čili in koromač zmeljemo v fino pasto. Dati na stran.
- V loncu segrejte žličko gheeja. Asafetido pražimo 30 sekund.
- Dodajte grahovo pasto in ½ čajne žličke soli. Pražimo 5 minut. Dati na stran.

- Testo razdelite na 8 kroglic. Vsako sploščite in napolnite z grahovo mešanico. Zaprite kot vrečko in ponovno sploščite. Razvaljamo v okrogle kolute.
- V loncu segrejte ghee. Dodamo nadevane rezine in na srednjem ognju pražimo do zlato rjave barve. Odcedimo na vpojni papir in postrežemo vroče.

Kanda Vada

(čebulni zrezek)

za 4

Sestavine

4 velike čebule, narezane na rezine

4 zeleni čili, drobno narezani

10 g sesekljanih listov koriandra

¾ žličke česnove paste

¾ žličke ingverjeve paste

½ žličke kurkume

Ščepec sode bikarbone

Sol po okusu

250 g besana*

Rafinirano rastlinsko olje za globoko cvrtje

metoda

- Zmešajte vse sestavine razen olja. Pregnetemo in pustimo stati 10 minut.
- V loncu segrejemo olje. Maso po žlicah dodajamo na olje in na zmernem ognju pražimo do zlato rjave barve. Postrezite toplo.

Aloo Tuk

(pikanten krompirjev prigrizek)

za 4

Sestavine

8-10 mladih krompirjev, kuhanih

Sol po okusu

Rafinirano rastlinsko olje za cvrtje

2 žlici metinega čatnija

2 žlici sladkega paradižnikovega čatnija

1 velika čebula, drobno sesekljana

2-3 zeleni čiliji, drobno narezani

1 čajna žlička črne soli, mlete

1 žlička chaat masala*

Sok 1 limone

metoda

- Krompir rahlo potlačimo, da se rahlo splošči. Potresemo s soljo.
- V loncu segrejemo olje. Dodamo krompir in ga zlato rjavo pražimo z vseh strani.

- Krompir prestavimo na servirni krožnik. Po vrhu potresemo metin čatni in sladki paradižnikov čatni.
- Potresemo čebulo, zelene čilije, črno sol, chaat masalo in limonin sok. Postrezite takoj.

Kokosov šnicel

Naredi 10

Sestavine

200 g svežega naribanega kokosa

2,5 cm ingverjeve korenine

4 zeleni čiliji

2 veliki čebuli, drobno sesekljani

50 g listov koriandra

4-5 curryjevih listov

Sol po okusu

2 velika krompirja, kuhana in pretlačena

2 jajci, razžvrkljani

100 g drobtin

Rafinirano rastlinsko olje za globoko cvrtje

metoda

- Skupaj zmeljemo kokos, ingver, čilije, čebulo, liste koriandra in liste karija. Dati na stran.
- Krompir solimo in dobro premešamo.
- Naredite krompirjeve kroglice v velikosti limone in jih sploščite v dlani.

- Na sredino vsakega kotleta položite nekaj mlete kokosove mešanice. Zaprite ga kot vrečko in ponovno nežno sploščite.
- Vsak šnitel pomočimo v stepeno jajce in povaljamo v drobtinah.
- V loncu segrejemo olje. Šnicle zlato rjavo prepražimo.
- Odcedimo na vpojni papir in vroče postrežemo z metinim čatnijem

Mung kalček Dhokla

(Duhana torta z kalčki Mung)

Naredi 20

Sestavine

200 g kaljenega mungo fižola

150 g mung dala*

2 žlici kisle smetane

Sol po okusu

2 žlici naribanega korenja

Rafinirano rastlinsko olje za mazanje

metoda

- Zmešajte mung fižol, mung dhal in kislo smetano. Zmeljemo skupaj, da nastane gladka pasta. Fermentiramo 3-4 ure. Dodamo sol in odstavimo.
- Namastite okrogel pekač premera 20 cm/8 palcev. Vlijemo mešanico dhal. Po vrhu razporedite korenje in kuhajte na pari 7 minut.
- Narežemo na kose in postrežemo vroče.

Paneer Pakoda

(ocvrti paneer)

za 4

Sestavine

2½ žličke čilija v prahu

1¼ žličke amchoorja*

250g/9oz panirja*, narežemo na velike kose

8 žlic besana*

Sol po okusu

Ščepec sode bikarbone

150 ml vode

Rafinirano rastlinsko olje za globoko cvrtje

metoda

- Zmešajte 1 žlico čilija v prahu in amčor. Z mešanico marinirajte koščke paneerja 20 minut.
- Besan zmešajte s preostalim čilijem v prahu, soljo, sodo bikarbono in dovolj vode, da dobite testo.
- V loncu segrejemo olje. Vsak kos paneerja pomočimo v testo in na srednjem ognju pražimo do zlato rjave barve.
- Postrezite vroče z metinim čatnijem

Indijska mesna štruca

za 4

Sestavine

500 g mletega govejega mesa

200 g rezin slanine

½ žličke ingverjeve paste

½ žličke česnove paste

2 zelena čilija, drobno narezana

½ žličke mletega črnega popra

¼ žličke naribanega muškatnega oreščka

Sok 1 limone

Sol po okusu

2 jajci, razžvrkljani

metoda

- Vse sestavine razen jajc zmešajte v ponvi.
- Kuhajte na močnem ognju, dokler se zmes ne posuši. Odstavimo, da se ohladi.
- Dodamo stepena jajca in dobro premešamo. Vlijemo v tortni model 20 x 10 cm/8 x 4 palcev.
- Mešanico kuhajte na pari 15-20 minut. Pustite, da se ohladi 10 minut. Narežemo na rezine in postrežemo vroče.

Paneer Tikka

(panir polpeti)

za 4

Sestavine

250g/9oz panirja*, razrezan na 12 kosov

2 paradižnika, narezana na četrtine in odstranjena mezga

2 zeleni papriki, očiščeni in narezani na četrtine

2 srednji čebuli, narezani na četrtine

3-4 zeljne liste, narezane

1 majhna čebula, drobno sesekljana

Za marinado:

1 žlička ingverjeve paste

1 žlička česnove paste

250 g grškega jogurta

2 žlici enojne smetane

Sol po okusu

metoda

- Sestavine za marinado zmešajte skupaj. V tej mešanici marinirajte panir, paradižnik, papriko in čebulo 2-3 ure.
- Enega za drugim nabodemo in pečemo na žaru na oglje, dokler kosi paneerja ne porjavijo.
- Okrasite z zeljem in čebulo. Postrezite toplo.

Panir šnicel

Naredi 10

Sestavine

1 žlica gheeja

2 veliki čebuli, drobno sesekljani

2,5 cm naribane korenine ingverja

2 zelena čilija, drobno narezana

4 stroki česna, drobno sesekljani

3 krompirji, kuhani in pretlačeni

300 g kozjega sira, odcejenega

1 žlica bele moke

3 žlice koriandrovih listov, sesekljanih

50 g drobtin

Sol po okusu

Rafinirano rastlinsko olje za cvrtje

metoda

- V loncu segrejte ghee. Dodajte čebulo, ingver, čili in česen. Med pogostim mešanjem kuhajte, dokler čebula ne porjavi. Odstranite z ognja.
- Dodamo krompir, kozji sir, moko, liste koriandra, drobtine in sol. Temeljito premešamo in zmes oblikujemo v kotlete.
- V loncu segrejemo olje. Šnicle na kratko prepražimo do zlato rjave barve. Postrezite toplo.

Dhal ke kebab

(Dhal Kebab)

Naredi 12

Sestavine

600g/1lb 5oz Masoor Dhal*

1,2 litra/2 litra vode

Sol po okusu

3 žlice koriandrovih listov, sesekljanih

3 žlice koruznega škroba

3 žlice krušnih drobtin

1 žlička česnove paste

Rafinirano rastlinsko olje za globoko cvrtje

metoda

- Dhal kuhamo z vodo in soljo v loncu na zmernem ognju 30 minut. Odlijte odvečno vodo in kuhano dhal pretlačite z leseno žlico.
- Dodajte vse preostale sestavine razen olja. Dobro premešamo in zmes oblikujemo v 12 polpetov.
- V loncu segrejemo olje. Polpete prepražimo do zlato rjave barve. Odcedimo na vpojni papir in postrežemo vroče.

Slane riževe kroglice

za 4

Sestavine

100 g duśenega riža

125 g besana*

125 g jogurta

½ žličke čilija v prahu

¼ žličke kurkume

1 čajna žlička garam masala

Sol po okusu

Rafinirano rastlinsko olje za globoko cvrtje

metoda

- Riž pretlačite z leseno kuhalnico. Dodajte vse preostale sestavine razen olja in dobro premešajte. To bi moralo ustvariti testo s konsistenco mešanice za torto. Po potrebi dodajte vodo.
- V ponvi segrejemo olje. Maso dodajamo po žlicah in na zmernem ognju pražimo do zlato rjave barve.
- Odcedimo na vpojni papir in postrežemo vroče.

Hranljiva rolada Roti

za 4

Sestavine
Za nadev:

1 žlička kuminovih semen

1 žlička masla

1 kuhan krompir, pire

1 kuhano jajce, drobno sesekljano

1 žlica koriandrovih listov, sesekljanih

½ žličke čilija v prahu

Ščepec mletega črnega popra

Ščepec garam masale

1 žlica mlade čebule, drobno sesekljane

Sol po okusu

Za roti:

85 g polnozrnate moke

1 žlička rafiniranega rastlinskega olja

ščepec soli

metoda

- Vse sestavine za nadev zmešamo skupaj in dobro pretlačimo. Dati na stran.
- Zmešajte vse sestavine za roti. Zgnetemo v gladko testo.
- Iz testa oblikujemo kroglice v velikosti oreha in vsako zvaljamo v kolute.
- Pasiran nadev na tanko in enakomerno razporedimo po vsaki rezini. Vsako rezino zvijte v tesen svaljek.
- Zvitke rahlo popečemo v segreti ponvi. Postrezite toplo.

Piščančji kebab z meto

Naredi 20

Sestavine

500 g mletega piščanca

50 g drobno sesekljanih listov mete

4 zeleni čili, drobno narezani

1 žlička mletega koriandra

1 žlička mlete kumine

Sok 1 limone

1 žlička ingverjeve paste

1 žlička česnove paste

1 jajce, pretepeno

1 žlica koruznega škroba

Sol po okusu

Rafinirano rastlinsko olje za cvrtje

metoda

- Zmešajte vse sestavine razen olja. Zgnetemo mehko testo.
- Testo razdelite na 20 delov in vsakega sploščite.
- V ponvi segrejemo olje. Na srednjem ognju ražnjiče plitko pražimo do zlato rjave barve. Postrezite vroče z metinim čatnijem

Masala čips

za 4

Sestavine

200 g soljenega krompirjevega čipsa

2 čebuli, drobno sesekljani

10 g koriandrovih listov, drobno sesekljanih

2 žlički limoninega soka

1 žlička chaat masala*

Sol po okusu

metoda

- Zdrobite čips. Dodajte vse sestavine in temeljito premešajte.
- Postrezite takoj.

Mešana zelenjavna samosa

(Mešana zelenjavna slana)

Naredi 10

Sestavine

2 žlici rafiniranega rastlinskega olja plus dodatek za cvrtje

1 velika čebula, drobno sesekljana

175 g ingverjeve paste

1 čajna žlička mlete kumine, suho pražene

Sol po okusu

2 krompirja, kuhana in na drobno narezana

125 g kuhanega graha

Za pecivo:

175 g čiste bele moke

ščepec soli

2 žlici rafiniranega rastlinskega olja

100 ml/3½ fl oz vode

metoda

- V ponvi segrejemo 2 žlici olja. Dodamo čebulo, ingver in mleto kumino. Med stalnim mešanjem pražimo 3-5 minut.
- Dodamo sol, krompir in grah. Temeljito premešajte in pretlačite. Dati na stran.
- Iz sestavin za testo naredite testene kornete, kot v receptu za krompirjevo samoso
- Vsak kornet napolnite z 1 žlico mešanice krompirja in graha ter zaprite robove.
- V ponvi segrejemo olje in storže zlato rjavo popečemo.
- Odcedite in vroče postrezite s kečapom ali metinim čatnijem

Mesna štruca

Naredi 12

Sestavine

500g/1lb 2oz mlete jagnjetine

2 zelena čilija, drobno narezana

2,5 cm ingverjeve korenine, drobno sesekljane

2 stroka česna, drobno sesekljana

1 čajna žlička garam masala

1 velika čebula, drobno sesekljana

25 g koriandrovih listov, sesekljanih

1 jajce, pretepeno

Sol po okusu

50 g drobtin

Rafinirano rastlinsko olje za plitvo cvrtje

metoda

- Zmešajte vse sestavine razen drobtin in olja. Zmes razdelite na 12 valjastih delov. Povaljamo v drobtinah. Dati na stran.
- V ponvi segrejemo olje. Zvitke na majhnem ognju popečemo do zlato rjave barve z vseh strani.
- Postrezite vroče z zelenim kokosovim čatnijem

Golli kebab

(zelenjavno valjanje)

Naredi 12

Sestavine

1 velik korenček, drobno narezan

50 g sesekljanega francoskega fižola

50 g zelja, drobno sesekljanega

1 majhna čebula, naribana

1 žlička česnove paste

2 zelena čilija

Sol po okusu

½ žličke sladkorja v prahu

½ žličke Amchoor*

50 g drobtin

125 g besana*

Rafinirano rastlinsko olje za cvrtje

metoda

- Zmešajte vse sestavine razen olja. Oblikujte v 12 valjev.
- V ponvi segrejemo olje. Valje prepražimo do zlato rjave barve.
- Postrezite vroče s kečapom.

Mathis

(Ocvrte dobrote)

Naredi 25

Sestavine

350 g bele moke

200 ml tople vode

1 žlica gheeja

1 žlička ajwain semen

1 žlica gheeja

Sol po okusu

Rafinirano rastlinsko olje za globoko cvrtje

metoda

- Zmešajte vse sestavine razen olja. Zgnetemo v gladko testo.
- Testo razdelite na 25 delov. Vsak del razvaljamo na disk premera 5 cm. Rezine prebodemo z vilicami in pustimo počivati 30 minut.
- V loncu segrejemo olje. Rezine prepražimo do svetlo zlate barve.
- Odcedimo na vpojni papir. Ohladite in shranite v nepredušni posodi.

Poha Pakoda

za 4

Sestavine

100g/3½oz Poha*

500 ml/16 fl oz vode

125 g arašidov, grobo zdrobljenih

½ žličke ingverjeve paste

½ žličke česnove paste

2 žlički limoninega soka

1 žlička sladkorja

1 žlička mletega koriandra

½ žličke mlete kumine

10 g koriandrovih listov, drobno sesekljanih

Sol po okusu

Rafinirano rastlinsko olje za globoko cvrtje

metoda

- Poho namakajte v vodi 15 minut. Odcedite in zmešajte z vsemi preostalimi sestavinami razen olja. Oblikujte kroglice v velikosti oreha.
- V ponvi segrejemo olje. Poha kroglice ocvremo na srednjem ognju do zlato rjave barve.
- Odcedimo na vpojni papir. Postrezite vroče z metinim čatnijem

Hariyali Murgh Tikka

(Zeleni piščanec Tikka)

za 4

Sestavine

650 g piščanca brez kosti, narezanega na 5 cm velike kose

Rafinirano rastlinsko olje za polivanje

Za marinado:

Sol po okusu

125 g jogurta

1 žlica ingverjeve paste

1 žlica česnove paste

25g/nekaj 1oz zmletih listov mete

25g/nekaj 1oz zmletih koriandrovih listov

50 g špinače, mlete

2 žlici garam masale

3 žlice limoninega soka

metoda

- Sestavine za marinado zmešajte skupaj. S to mešanico mariniramo piščanca v hladilniku 5-6 ur. Odstranite iz hladilnika vsaj eno uro pred kuhanjem.
- Kose piščanca spečemo na nabodala ali pekač za žar, ki smo ga premazali z oljem. Kuhajte, dokler piščanec ne porjavi z vseh strani. Postrezite toplo.

Boti kebab

(jagnječji kebab za grižljaj)

Naredi 20

Sestavine

500 g jagnjetine brez kosti, narezane na majhne koščke

1 žlička ingverjeve paste

2 žlički česnove paste

2 žlički zelenega čilija

½ žlice mletega koriandra

½ žlice mlete kumine

¼ žličke kurkume

1 žlička čilija v prahu

¾ žličke garam masala

Sok 1 limone

Sol po okusu

metoda

- Vse sestavine temeljito premešamo in pustimo počivati 3 ure.
- Kose jagnjetine nabodemo na nabodala. Pečemo na žaru na oglje 20 minut do zlato rjave barve. Postrezite toplo.

Chaat

(slana krompirjeva malica)

za 4

Sestavine

Rafinirano rastlinsko olje za cvrtje

4 srednje veliki krompirji, kuhani, olupljeni in narezani na 1 cm velike kose

½ žličke čilija v prahu

Sol po okusu

1 čajna žlička mlete kumine, suho pražene

1½ žličke chaat masale*

1 žlička limoninega soka

2 žlici vročega in sladkega mangovega čatnija

1 žlica metinega čatnija

10 g sesekljanih listov koriandra

1 velika čebula, drobno sesekljana

metoda

- V ponvi segrejemo olje. Krompir na zmernem ognju z vseh strani zlato zapečemo. Odcedimo na vpojni papir.
- V skledi zmešajte krompir s čilijem v prahu, soljo, mleto kumino, čaat masalo, limoninim sokom, pekočim sladkim mangovim čatnijem in metinim čatnijem. Okrasite z listi koriandra in čebulo. Postrezite takoj.

Kokosova doza

(kokosova riževa palačinka)

Naredi 10-12

Sestavine

250 g riža, namočenega 4 ure

100g/3½oz Poha*, namočeno 15 minut

100 g dušenega riža

50 g svežega naribanega kokosa

50 g sesekljanih listov koriandra

Sol po okusu

12 žličk rafiniranega rastlinskega olja

metoda

- Vse sestavine razen olja zmeljemo v gosto testo.
- Namastite in segrejte ravno ponev. Vlijte žlico testa in ga s hrbtno stranjo žlice razmažite v tanko kremo. Prelijemo z žličko olja. Kuhamo do hrustljavega. Ponovite za preostalo testo.
- Postrezite vroče s kokosovim čatnijem

Polpeti iz suhega sadja

Moč 8

Sestavine

50 g mešanega suhega sadja, drobno sesekljanega

2 žlici vročega in sladkega mangovega čatnija

4 veliki krompirji, kuhani in pretlačeni

2 zelena čilija, drobno narezana

1 žlica koruznega škroba

Sol po okusu

Rafinirano rastlinsko olje za cvrtje

metoda

- Suho sadje zmešajte s pekočim sladkim mangovim čatnijem. Dati na stran.
- Zmešajte krompir, zeleni čili, koruzni škrob in sol.
- Zmes razdelite na 8 kroglic velikosti limone. Zgladite jih tako, da jih nežno stisnete med dlanmi.
- Na sredino vsakega damo malo mešanice suhega sadja in zapremo kot vrečko. Ponovno sploščite, da oblikujete mesne kroglice.
- V ponvi segrejemo olje. Dodamo polpete in jih na srednjem ognju pražimo do zlato rjave barve z vseh strani. Postrezite toplo.

Kuhan riž dosa

Naredi 10-12

Sestavine

100 g dušenega riža

250 g besana*

3-4 zeleni čiliji, drobno narezani

1 čebula, drobno sesekljana

50 g sesekljanih listov koriandra

8 curryjevih listov, drobno narezanih

Ščepec asafetide

3 žlice jogurta

Sol po okusu

150 ml vode

12 žličk rafiniranega rastlinskega olja

metoda

- Vse sestavine zmešajte skupaj. Rahlo pretlačite in dodajte malo vode, dokler ne nastane gosto testo.
- Namastite in segrejte ravno ponev. Prelijemo z žlico testa in ga razvaljamo v tanko kremo. Prelijemo z žličko olja. Kuhamo do hrustljavega. Ponovite za preostalo testo.
- Postrezite vroče s kokosovim čatnijem

Polpeti iz nezrele banane

Naredi 10

Sestavine

6 nezrelih banan, kuhanih in pretlačenih

3 zeleni čiliji, drobno narezani

1 majhna čebula, drobno sesekljana

¼ žličke kurkume

1 žlica koruznega škroba

1 žlička mletega koriandra

1 žlička mlete kumine

1 žlička limoninega soka

½ žličke ingverjeve paste

½ žličke česnove paste

Sol po okusu

Rafinirano rastlinsko olje za plitvo cvrtje

metoda

- Zmešajte vse sestavine razen olja. Dobro pregnetemo.
- Razdelite na 10 enakih kroglic. Sploščite v polpete.
- V ponvi segrejemo olje. Dodamo po nekaj polpetov in jih z vseh strani zlato rjavo popečemo.
- Postrezite vroče s kečapom ali metinim čatnijem

Sooji Vada

(Ocvrti zdrobov prigrizek)

Naredi 25-30

Sestavine

200 g zdroba

250 g jogurta

1 velika čebula, sesekljana

2,5 cm naribane korenine ingverja

8 curryjevih listov

4 zeleni čili, drobno narezani

½ svežega mletega kokosa

Sol po okusu

Rafinirano rastlinsko olje za globoko cvrtje

metoda

- Vse sestavine razen olja zmešamo v gosto testo. Dati na stran.
- V ponvi segrejemo olje. Previdno dodajamo žličnike testa in pražimo na srednjem ognju do zlato rjave barve.
- Odcedimo na vpojni papir. Postrezite vroče z metinim čatnijem

Sladki in kisli zalogaji

Naredi 20

Sestavine

2 žlici rafiniranega rastlinskega olja

1 žlička gorčičnih semen

1 žlička sezamovih semen

7-8 curryjevih listov

2 žlici koriandrovih listov, drobno sesekljanih

Za Mutias:

200 g dušenega riža

50 g zelja, naribanega

1 srednje velik korenček, nariban

125 g zamrznjenega graha, odmrznjenega in pretlačenega

4 zeleni čili, drobno narezani

1 žlička ingverjeve paste

1 žlička česnove paste

2 žlici sladkorja v prahu

2 žlici limoninega soka

Ščepec kurkume

1 čajna žlička garam masala

3 žlice paradižnikove omake

Sol po okusu

metoda

- V skledi zmešajte vse sestavine mutije. Dobro pregnetemo.
- To zmes vlijemo v pomaščen okrogel pekač premera 20 cm in enakomerno porazdelimo.
- Pločevinko postavite v soparnik in kuhajte na pari 15-20 minut. Pustite, da se ohladi 15 minut. Narežemo na diamantne kose. Dati na stran.
- V loncu segrejemo olje. Dodamo gorčična semena, sezamova semena in curryjeve liste. Pustite jih jecljati 15 sekund.
- To prelijte neposredno čez muthias. Okrasite s koriandrom in postrezite vroče.

Polpeti s kozicami

za 4

Sestavine

2 žlici rafiniranega rastlinskega olja plus za cvrtje

1 čebula, drobno sesekljana

2,5 cm ingverjeve korenine, drobno sesekljane

2 stroka česna, drobno sesekljana

250 g kozic, očiščenih in razrezanih

1 čajna žlička garam masala

Sol po okusu

1 žlička limoninega soka

2 žlici koriandrovih listov, sesekljanih

5 velikih krompirjev, kuhanih in pretlačenih

100 g drobtin

metoda

- V ponvi segrejemo 2 žlici olja. Dodamo čebulo in pražimo, da postekleni.
- Dodamo ingver in česen ter na srednjem ognju pražimo minuto.
- Dodamo kozice, garam masalo in sol. Kuhajte 5-7 minut.
- Dodamo limonin sok in liste koriandra. Dobro premešamo in odstavimo.
- Krompir solimo in oblikujemo polpete. Na vsako polpetko položite nekaj mešanice kozic. Zaprite v vrečko in pritisnite. Dati na stran.
- V loncu segrejemo olje. Polpete povaljamo v krušnih drobtinah in plitko pražimo do zlato rjave barve. Postrezite toplo.

Reshmi kebab

(Piščančji kebab v kremni marinadi)

Naredi 10-12

Sestavine

250 ml kisle smetane

1 žlička ingverjeve paste

1 žlička česnove paste

1 žlička soli

1 jajce, pretepeno

120 ml dvojne smetane

500 g/1 lb 2 oz piščanca brez kosti, narezanega

metoda

- Zmešajte kislo smetano, ingverjevo pasto in česnovo pasto. Dodajte sol, jajce in smetano, da dobite gosto pasto.
- S to mešanico mariniramo piščanca 2-3 ure.
- Kose nabodemo in na žaru na oglju svetlo rjavo popečemo.
- Postrezite toplo.

Užitek iz počene pšenice

Naredi 15

Sestavine

250 g zdrobljene pšenice, rahlo popečene

150 g mung dala*

300 ml/10 fl oz vode

125 g zamrznjenega graha

60 g naribanega korenja

1 žlica praženih arašidov

1 žlica tamarind paste

1 čajna žlička garam masala

1 žlička čilija v prahu

¼ žličke kurkume

1 žlička soli

1 žlica koriandrovih listov, sesekljanih

metoda

- Zdrobljeno pšenico in mung dhal namočite v vodi 2-3 ure.
- Dodajte preostale sestavine razen koriandrovih listov in dobro premešajte.
- Zmes vlijemo v okrogel pekač premera 20 cm. Kuhajte na pari 10 minut.
- Ohladimo in narežemo na kose. Okrasite s koriandrom. Postrezite z zelenim kokosovim čatnijem

Methi Dhokla

(Dušena torta s triplatom)

Naredi 12

Sestavine

200 g kratkozrnatega riža

150 g Uradnega lista*

Sol po okusu

25 g sesekljanih listov piskavice

2 žlički zelenega čilija

1 žlica kisle smetane

Rafinirano rastlinsko olje za mazanje

metoda

- Riž in dhal skupaj namočite 6 ur.
- Zmeljemo v gosto pasto in pustimo stati 8 ur.
- Dodajte preostale sestavine. Dobro premešamo in fermentiramo še 6-7 ur.
- Namastite okrogel pekač premera 20 cm/8 palcev. Testo vlijemo v model in kuhamo na pari 7-10 minut.
- Postrezite vroče s poljubnim sladkim čatnijem.

Grahove polpete

Naredi 12

Sestavine

2 žlici rafiniranega rastlinskega olja plus dodatek za cvrtje

1 žlička kuminovih semen

600 g kuhanega graha, pretlačenega

1½ žličke amchoorja*

1½ žličke mletega koriandra

Sol po okusu

½ žličke mletega črnega popra

6 krompirjev, kuhanih in pretlačenih

2 rezini kruha

metoda

- V loncu segrejte 2 žlici olja. Dodamo semena kumine. Po 15 sekundah dodajte grah, amčor in koriander. Pražimo 2 minuti. Dati na stran.
- Krompir posolimo in popopramo. Dati na stran.
- Rezine kruha potopite v vodo. Odvečno vodo iztisnite tako, da jo stisnete med dlanmi. Odstranite skorjo in dodajte rezine krompirjevi mešanici. Dobro premešaj. Zmes razdelite na kroglice velikosti limone.
- Vsako kroglico sploščimo in na sredino položimo žlico grahove mešanice. Zaprite kot vrečko in ponovno sploščite.
- V ponvi segrejemo olje. Polpete pepražimo do zlato rjave barve. Postrezite toplo.

Nimki

(trikotnik iz hrustljave moke)

Naredi 20

Sestavine

500g/1lb 2oz besan*

75 g gheeja

1 žlička soli

1 žlička kuminovih semen

1 žlička ajwain semen

200 ml/7 fl oz vode

Sol po okusu

Rafinirano rastlinsko olje za globoko cvrtje

metoda

- Zmešajte vse sestavine razen olja. Zgnetemo v čvrsto testo.
- Naredite kroglice v velikosti oreha. Razvaljamo na tanke rezine. Razpolovimo in zložimo na trikotnike.
- V ponvi segrejemo olje. Trikotnike na zmernem ognju popecite do zlato rjave barve. Ohladite in shranite v nepredušni posodi do 8 dni.

Dahi pakoda chaat

(Ocvrti lečini cmoki v jogurtu)

za 4

Sestavine

200g/7oz Mung Dhal*

200 g Uradnega lista*

1 cm sesekljane korenine ingverja

3 žlice sesekljanih koriandrovih listov

Sol po okusu

Rafinirano rastlinsko olje za globoko cvrtje

125 g sladkega paradižnikovega čatnija

125 g metinega čatnija

175 g stepenega jogurta

½ žličke črne soli

1 žlica mlete kumine, suho pražene

3 žlice bombajske mešanice*

metoda

- Dhale skupaj namočite 4-5 ur. Ingver, 2 žlici koriandrovih listov in sol odcedimo in dodamo. Zmeljemo, da dobimo grobo testo. Dati na stran.

- V loncu segrejemo olje. Ko se začne kaditi, po žlicah dodajamo maso. zlato rjavo pražena. Odcedimo na vpojni papir.
- Ocvrte pakode razporedimo po servirnem krožniku. Po pakodah potresemo metin čatni, sladki paradižnikov čatni in jogurt. Potresemo s preostalimi sestavinami. Postrezite takoj.

Kutidhal Dhokla

(zlomljena lečina torta)

Naredi 20

Sestavine

250 g mung dala*

150 ml kisle smetane

Sol po okusu

1 žlička ingverjeve paste

metoda

- Dhal namočite v kislo smetano 4-5 ur. Zmeljemo v gosto pasto.
- Dodajte sol in ingverjevo pasto. Dobro premešaj.
- Vlijemo v okrogel model za torte s premerom 20 cm in dušimo 10 minut.
- Pustite, da se ohladi 10 minut. Narežemo na grižljaje in postrežemo vroče.

Ghugni

(Pikanten bengalski gram)

Služi za 5-6

Sestavine

600 g / 5 oz Chana Dhal*, namočeno čez noč

450 ml vode15

Ščepec sode bikarbone

Sol po okusu

2 žlici gheeja

400 g svežega kokosa, drobno sesekljanega

2 žlici gorčičnega olja

1 velika čebula, drobno sesekljana

½ žličke kurkume

1 žlička mlete kumine

½ žličke ingverjeve paste

2 zelena čilija, drobno narezana

2 lovorjeva lista

1 žlička sladkorja

¼ žličke mletega cimeta

¼ žličke mletega kardamoma

¼ žličke mletih nageljnovih žbic

2 žlici limoninega soka

metoda

- V loncu zmešajte chana dhal z vodo, sodo bikarbono in soljo. Na srednjem ognju kuhamo 30 minut. Dati na stran.
- V ponvi segrejte 1 žlico gheeja. Popeci kokosove koščke. Dati na stran.
- V ponvi segrejte gorčično olje. Na srednjem ognju rjavo prepražimo čebulo.
- Dodajte kurkumo, mleto kumino, ingverjevo pasto in zelene čilije. Pražimo 3 minute.
- Dodamo kuhan dhal, popražene koščke kokosa, lovorjev list in sladkor. Temeljito premešajte.
- Potresemo s cimetom, kardamomom, nageljnovimi žbicami, limoninim sokom in preostalim gheejem. Dobro premešajte za premaz.
- Postrezite vroče s purisom ali takšnega, kot je.

Peppery Mung Dhal

za 4

Sestavine

225g/8oz Mung Dhal*

Sol po okusu

2 zelena čilija, drobno narezana

Ščepec kurkume

1,25 litra/2½ pinta vode

1 žlička limoninega soka

½ žličke mletega črnega popra

metoda

- V loncu zmešajte dhal, sol, zeleni čili, kurkumo in vodo. Na srednjem ognju kuhamo 45 minut.

- Dodamo limonin sok in poper. Dobro premešaj. Postrezite toplo.

Dhal Buhara

(Creamy Whole Black Gram)

Za 4-6

Sestavine

600g/1lb 5oz Uradni Dhal*, namočeno čez noč

2 žlici fižola, namočenega čez noč

2 litra/3½ pintov vode

Sol po okusu

3 žlice masla

1 žlička kuminovih semen

1 velika čebula, drobno sesekljana

2,5 cm ingverjeve korenine, drobno sesekljane

2 stroka česna, drobno sesekljana

1 žlička čilija v prahu

1 žlica mletega koriandra

4 paradižnike, blanširane in narezane

½ žličke garam masala

2 žlici sveže smetane

2 žlici jogurta

3 žlice gheeja

2,5 cm ingverjeve korenine, juliena

2 zelena čilija, prerezana po dolžini

1 žlica koriandrovih listov, drobno sesekljanih

metoda

- Dhala in fižola v zrnju ne odcejajte. V loncu zmešajte z vodo in soljo. Na srednjem ognju kuhamo eno uro. Nežno zdrobite in odstavite.

- V manjši ponvi raztopimo maslo. Dodamo semena kumine. Pustite jih jecljati 15 sekund.

- Dodajte čebulo, ingver, česen, čili v prahu, koriander in paradižnik. Na majhnem ognju kuhamo 7-8 minut, občasno premešamo.

- Dodajte garam masalo, smetano, jogurt in ghee. Dobro premešaj. Kuhajte 2-3 minute.

- To mešanico dodajte v dhal. Pustimo vreti 10 minut.

- Okrasite z ingverjem, zelenimi čiliji in listi koriandra. Postrezite vroče s kuhanim rižem, čapatijem ali naanom

Methi Dhal

(Split Red Gram s Fenugreek)

za 4

Sestavine

50 g svežih listov triplata, drobno sesekljanih

Sol po okusu

300g/10oz Toor Dhal*

1,5 litra vode

1 velika čebula, drobno sesekljana

2 paradižnika, drobno narezana

2 žlički tamarind paste

1 zelena paprika čili, prerezana po dolžini

¼ žličke kurkume

¾ žličke čilija v prahu

2 žlici svežega naribanega kokosa

1 žlica jaggerja*, nariban

Za začimbo:

2 žlici rafiniranega rastlinskega olja

½ žličke gorčičnih semen

6 curryjevih listov

8 nageljnovih žbic, zdrobljenih

metoda

- Liste triplata natrite z malo soli in odstavite.

- Kuhajte torr dhal z vodo in soljo v loncu na zmernem ognju 45 minut.

- Dodajte liste triplata skupaj s čebulo, paradižnikom, pasto iz tamarinde, zelenim čilijem, kurkumo, čilijem v prahu, kokosom in jaggerjem. Temeljito premešajte. Po potrebi dodajte še malo vode. Pustimo vreti 5 minut.

- Odstranite z ognja. Dobro pretlačimo in odstavimo.

- V loncu segrejemo olje. Dodajte gorčična semena, curry liste in nageljnove žbice. Pustite jih jecljati 15 sekund. To prelijte čez dhal. Postrezite toplo.

Malai Koftas

(cmoki v sladki omaki)

za 4

Sestavine

2,5 cm cimeta

6 zelenih strokov kardamoma

¼ žličke mletega muškatnega oreščka

6 nageljnovih žbic

3 čajne žličke sveže mletega belega popra

3,5 cm naribane korenine ingverja

½ žličke kurkume

2 stroka česna, zdrobljena

2½ žličke sladkorja

Sol po okusu

120 ml vode

3 žlice gheeja

360 ml mleka

120 ml enojne kreme

1 žlica cheddar sira, naribanega

1 žlica koriandrovih listov, drobno sesekljanih

Za kofto:

50 g/1 oz khoya*

50 g panirja*

4 veliki krompirji, kuhani in pretlačeni

4-5 zelenih čilijev, drobno narezanih

1 cm naribane korenine ingverja

1 čajna žlička sesekljanega koriandra

½ žličke kuminovih semen

Sol po okusu

20g/oz rozin

20 g indijskih oreščkov

metoda

- Za kofte vse sestavine za kofte razen rozin in indijskih oreščkov zgnetemo v mehko testo.

- To testo razdelite na kroglice v velikosti oreha. Na sredino vsake kroglice vtisnite 2-3 rozine in indijske oreščke.

- Kroglice pečemo v pečici pri 200°C (400°F/plinska oznaka 6) 5 minut. Postavite jih na stran.

- Za omako cimet, kardamom, muškatni oreček in nageljnove žbice skupaj pražimo v ponvi na majhnem ognju 1 minuto. Zmeljemo in odstavimo.

- Z vodo zmeljemo poper, ingver, kurkumo, česen, sladkor in sol. Dati na stran.

- V loncu segrejte ghee. Dodajte mešanico cimeta in kardamoma. Pražimo minuto na zmernem ognju.

- Dodajte mešanico popra in ingverja. Med občasnim mešanjem pražimo 5-7 minut.

- Dodamo mleko in smetano. Med občasnim mešanjem dušimo 15 minut.

- Tople kofte položimo v pekač.

- Kofte prelijemo z omako in okrasimo s sirom in listi koriandra. Postrezite toplo.

- Druga možnost je, ko kofte prelijete z omako, pecite v predhodno ogreti pečici na 200 °C (400 °F, plinska oznaka 6) 5 minut. Okrasite s sirom in listi koriandra. Postrezite toplo.

Aloo Palak

(Krompir, kuhan s špinačo)

za 6

Sestavine

300 g špinače, sesekljane in poparjene

2 zelena čilija, prerezana po dolžini

4 žlice gheeja

2 velika krompirja, kuhana in narezana na kocke

½ žličke kuminovih semen

2,5 cm ingverjeve korenine, juliena

2 veliki čebuli, drobno sesekljani

3 paradižniki, drobno narezani

1 žlička čilija v prahu

½ žličke mletega cimeta

½ žličke mletih nageljnovih žbic

¼ žličke kurkume

½ žličke garam masala

½ žličke polnozrnate moke

1 žlička limoninega soka

Sol po okusu

½ žlice masla

Velik ščepec asafetide

metoda

- Špinačo z zelenimi čiliji grobo zmeljemo v blenderju. Dati na stran.
- V loncu segrejte ghee. Dodamo krompir in pražimo na zmernem ognju, da postane svetlo rjav in hrustljav. Odcedimo jih in odstavimo.
- V isti ghee dodajte semena kumine. Pustite jih jecljati 15 sekund.
- Dodajte ingver in čebulo. Na zmernem ognju pražimo 2-3 minute.
- Dodajte preostale sestavine razen masla in asafetide. Zmes med občasnim mešanjem kuhamo na zmernem ognju 3-4 minute.
- Dodamo špinačo in krompir. Dobro premešamo in pustimo vreti 2-3 minute. Mešanico odstavite.
- V manjši kozici segrejte maslo. Dodajte asafetido. Pustite jecljati 5 sekund.
- To mešanico takoj prelijte čez aloo palak. Nežno premešajte. Postrezite toplo.

OBVESTILO:*Krompir lahko nadomestite s svežim grahom ali koruznimi zrnji.*

Dum ka Karela

(počasi kuhana grenka buča)

za 4

Sestavine

12 grenčic*

Sol po okusu

500 ml/16 fl oz vode

1 žlička kurkume

1 žlička ingverjeve paste

1 žlička česnove paste

Maslo za ščetkanje in mazanje

Za nadev:

1 žlica svežega kokosa, sesekljanega

60 g arašidov

1 žlica sezamovih semen

1 žlička kuminovih semen

2 veliki čebuli

2,5 cm ingverjeve korenine, juliena

2 žlički jaggerja*, nariban

1½ žličke mletega koriandra

1 žlička čilija v prahu

Sol po okusu

150 g panirja*, nariban

Za začimbo:

3 žlice rafiniranega rastlinskega olja

10 curryjevih listov

½ žličke kuminovih semen

½ žličke gorčičnih semen

¼ žličke semen piskavice

metoda

- Grenke buče samo enkrat prerežite po dolžini, pri čemer pazite, da dno ostane nedotaknjeno. Sredite jih. Natremo s soljo in pustimo počivati 1 uro.
- V loncu zmešajte vodo s kurkumo, ingverjevo pasto, česnovo pasto in malo soli ter kuhajte na srednjem ognju 5-7 minut. Dodamo grenčice. Kuhajte do mehkega. Odcedimo in odstavimo.
- Za nadev na suho opečemo vse sestavine za nadev razen panirja. Suho praženo mešanico zmešajte s 60 ml vode. Zmeljemo v fino pasto.
- Dodajte paneer. Temeljito premešajte z mleto pasto. Dati na stran.
- V ponvi segrejemo olje. Dodajte začimbne sestavine. Pustite jih jecljati 15 sekund.

- To prelijemo čez zmes za nadev. Dobro premešaj. Nadev razdelite na 12 enakih delov.
- V vsako grenčico vlijemo po del. Položimo na pomaščen pekač, s polno stranjo navzgor. V folijo naredimo nekaj luknjic in z njimi zapremo pladenj.
- Grenke buče pečemo v pečici pri 140 °C (275 °F, plinska oznaka 1) 30 minut, ob rednih presledkih polivamo. Postrezite toplo.

Navratna curry

(Bogat mešan zelenjavni curry)

za 4

Sestavine

100 g francoskega fižola

2 velika korenčka

100 g cvetače

200 g graha

360 ml/12 fl oz vode

4 žlice gheeja plus dodatek za globoko cvrtje

2 krompirja, narezana

150 g panirja*, narežemo na kose

2 paradižnika, pasirana

2 veliki zeleni papriki, narezani na dolge trakove

150 g indijskih oreščkov

250 g rozin

2 žlici sladkorja

Sol po okusu

200 g jogurta, stepite

2 rezini ananasa, sesekljan

Nekaj češenj

Za začimbno mešanico:

6 strokov česna

2 zelena čilija

4 suhi rdeči čiliji

2,5 cm ingverjeve korenine

2 žlički koriandrovih semen

1 žlička kuminovih semen

1 čajna žlička semen črne kumine

3 zeleni stroki kardamoma

metoda

- Fižol, korenje in cvetačo narežemo na kocke. Zmešajte jih z grahom in vodo. To mešanico kuhajte v ponvi na srednjem ognju 7-8 minut. Dati na stran.
- V ponvi segrejte ghee za globoko cvrtje. Dodajte krompir in paneer. Pražimo jih na zmernem ognju, dokler ne postanejo zlato rjave barve. Odcedimo jih in odstavimo.
- Vse sestavine začimbne mešanice zmeljemo v pasto. Dati na stran.
- V ponvi segrejte 4 žlice gheeja. Dodajte začimbno pasto. Med stalnim mešanjem pražimo na zmernem ognju 1-2 minuti.
- Dodamo paradižnikovo mezgo, papriko, indijske oreščke, rozine, sladkor in sol. Dobro premešaj.

- Dodamo kuhano zelenjavo, popečen paneer in krompir ter jogurt. Mešajte, dokler jogurt in paradižnikova mezga ne prekrijeta preostalih sestavin. Pustimo vreti 10-15 minut.
- Curry Navratna okrasimo z rezinami ananasa in češnjami. Postrezite toplo.

Kofta iz mešane zelenjave v paradižnikovem kariju

za 4

Sestavine

Za kofto:

125 g zamrznjene koruze

125 g zamrznjenega graha

60 g sesekljanega francoskega fižola

60 g korenja, drobno sesekljanega

375 g besana*

½ žličke čilija v prahu

Ščepec kurkume

1 žlička amhorja*

1 žlička mletega koriandra

½ žličke mlete kumine

Sol po okusu

Rafinirano rastlinsko olje za globoko cvrtje

Za curry:

4 paradižniki, drobno narezani

2 žlički paradižnikove paste

1 žlička mletega ingverja

½ žličke čilija v prahu

¼ žličke sladkorja

¼ žličke mletega cimeta

2 nageljnove žbice

Sol po okusu

1 žlica paneerja*, nariban

25 g koriandrovih listov, drobno sesekljanih

metoda

- Za pripravo kofte v loncu zmešamo koruzo, grah, fižol in korenje. Mešanico predhodno skuhamo.
- Prekuhano mešanico zgnetemo s preostalimi sestavinami za kofto razen olja, da oblikujemo mehko testo. Testo razdelite na kroglice velikosti limone.
- V ponvi segrejemo olje. Dodamo kroglice kofte. Pražimo jih na zmernem ognju, dokler ne postanejo zlato rjave barve. Kofte odcedimo in odstavimo.
- Za kari v loncu zmešajte vse sestavine za kari razen paneerja in koriandrovih listov.
- To mešanico kuhajte 15 minut na zmernem ognju in pogosto mešajte.
- 15 minut pred serviranjem kofte previdno dodajte kariju.
- Okrasite s paneerjem in listi koriandra. Postrezite toplo.

Mutije v beli omaki

(Paneer in grčkovi cmoki v beli omaki)

za 4

Sestavine

1 žlica indijskih oreščkov

1 žlica rahlo praženih arašidov

1 rezina belega kruha

1 srednja čebula, drobno sesekljana

2,5 cm ingverjeve korenine

3 zeleni čiliji

1 čajna žlička makovih semen, namočenih v 2 žlicah mleka 1 uro

2 žlici gheeja

240 ml mleka

1 žlička sladkorja v prahu

Ščepec mletega cimeta

Ščepec mletih nageljnovih žbic

120 ml enojne kreme

Sol po okusu

200 g jogurta

Za Mutias:

300g/10oz panirja*, sesulo

1 žlica drobno sesekljanih listov piskavice

1 žlica bele moke

Sol po okusu

Čili v prahu po okusu

Ghee za globoko cvrtje

metoda

- Vse sestavine Muthie razen gheeja zgnetite v mehko testo. Testo razdelimo na kroglice v velikosti oreha.
- V ponvi segrejte ghee. Dodamo kroglice in na zmernem ognju pražimo do zlato rjave barve. Dati na stran.
- Indijske oreščke, pražene arašide in kruh zmeljemo z dovolj vode, da nastane pasta. Mešanico odstavite.
- Čebulo, ingver, čili in mak zmeljemo v pasto z dovolj vode. Mešanico odstavite.

- V ponvi segrejte ghee. Dodajte mešanico čebule in ingverja. Pražimo toliko časa, da porjavi.
- Dodajte vse preostale sestavine in pasto iz indijskih oreščkov in arašidov. Dobro premešaj. Med pogostim mešanjem dušimo 15 minut.
- Dodajte muthias. Nežno premešajte. Postrezite toplo.

Rjavi curry

za 4

Sestavine

2 stroka zelenega kardamoma

2 nageljnove žbice

2 zrni črnega popra

1 cm cimeta

1 lovorjev list

2 suha rdeča čilija

1 žlička polnozrnate moke

2 žlici rafiniranega rastlinskega olja

1 velika čebula, narezana na rezine

1 žlička kuminovih semen

Ščepec asafetide

1 velika zelena paprika, julien

2,5 cm ingverjeve korenine, juliena

4 stroki česna, strti

½ žličke čilija v prahu

¼ žličke kurkume

1 žlička mletega koriandra

2 velika paradižnika, drobno narezana

1 žlica tamarind paste

Sol po okusu

1 žlica koriandrovih listov, drobno sesekljanih

metoda

- Kardamom, nageljnove žbice, poprova zrna, cimet, lovorov list in rdeči čili zmeljemo v fin prah. Dati na stran.
- Na suho pražite moko ob stalnem mešanju do svetlo rožnate barve. Dati na stran.
- V loncu segrejemo olje. Dodajte čebulo. Pražimo na zmernem ognju, dokler ne porjavijo. Odcedimo in zmeljemo v fino pasto. Dati na stran.
- Segrejte isto olje in dodajte semena kumine. Pustite jih jecljati 15 sekund.
- Dodajte asafetido, zeleni poper, ingver in česen. Pražimo minuto.
- Dodajte preostale sestavine razen koriandrovih listov. Dobro premešaj.
- Dodamo mešanico mletega kardamoma in nageljnovih žbic, suho praženo moko in čebulno pasto. Dobro premešaj.
- Pustimo vreti 10-15 minut.
- Okrasite z listi koriandra. Postrezite toplo.

OBVESTILO:*Ta curry se odlično ujema z zelenjavo, kot je mladi krompir v olupku, grah in ocvrti koščki jajčevca.*

Diamond Curry

za 4

Sestavine

2-3 žlice rafiniranega rastlinskega olja

2 veliki čebuli, zmleti v pasto

1 žlička ingverjeve paste

1 žlička česnove paste

2 velika paradižnika, pasirana

1-2 zelena čilija

½ žličke kurkume

1 žlica mlete kumine

½ žličke garam masala

½ žličke sladkorja

Sol po okusu

250 ml/8 fl oz vode

Za diamante:

250 g besana*

200 ml/7 fl oz vode

1 žlica rafiniranega rastlinskega olja

1 ščepec asafetide

½ žličke kuminovih semen

25 g koriandrovih listov, drobno sesekljanih

2 zelena čilija, drobno narezana

Sol po okusu

metoda

- Za omako v loncu segrejemo olje. Dodajte čebulno pasto. Pasto pražimo na srednjem ognju, dokler ne postekleni.
- Dodajte ingverjevo pasto in česnovo pasto. Pražimo minuto.
- Dodajte preostale sestavine razen diamantnih sestavin. Dobro premešaj. Pokrijte s pokrovko in mešanico dušite 5-7 minut. Omako odstavimo.
- Za pripravo diamantov nežno zmešajte besan z vodo, da nastane gosta masa. Preprečite nastanek grudic. Dati na stran.
- V loncu segrejemo olje. Dodajte asafetido in semena kumine. Pustite jih jecljati 15 sekund.
- Dodajte besan testo in vse preostale diamantne sestavine. Na zmernem ognju nenehno mešajte, dokler mešanica ne zapusti sten ponve.
- Namastite pekač 15 x 35 cm / 6 x 14 palcev proti prijemanju. Vlijemo testo in ga z lopatko zgladimo. Pustite stati 20 minut. Izrežite v obliki diamanta.
- Dodajte diamante v omako. Postrezite toplo.

zelenjavna enolončnica

za 4

Sestavine

1 žlica bele moke

3 žlice rafiniranega rastlinskega olja

4 nageljnove žbice

2,5 cm cimeta

2 stroka zelenega kardamoma

1 majhna čebula, narezana na kocke

1 cm sesekljane korenine ingverja

2-5 zelenih čilijev, prerezanih po dolgem

10 curryjevih listov

150 g zamrznjene mešane zelenjave

600 ml/1 litra kokosovega mleka

Sol po okusu

1 žlica kisa

1 čajna žlička mletega črnega popra

1 žlička gorčičnih semen

1 šalotka, sesekljana

metoda

- Moko zmešajte z dovolj vode, da nastane gosta pasta. Dati na stran.
- V loncu segrejte 2 žlici olja. Dodamo nageljnove žbice, cimet in kardamom. Pustite jih jecljati 30 sekund.
- Dodajte čebulo, ingver, čili in curryjeve liste. Zmes med mešanjem pražimo na srednjem ognju 2-3 minute.
- Dodamo zelenjavo, kokosovo mleko in sol. Mešajte 2-3 minute.
- Dodajte pasto iz moke. Med stalnim mešanjem kuhamo 5-7 minut.
- Dodajte kis. Dobro premešaj. Dušimo še minuto. Enolončnico odstavimo.
- V loncu segrejte preostalo olje. Dodamo papriko, gorčična semena in šalotko. Pražimo 1 minuto.
- S to mešanico prelijemo enolončnico. Postrezite toplo.

Kari z gobami in grahom

za 4

Sestavine

2 zelena čilija

1 žlica makovih semen

2 stroka zelenega kardamoma

1 žlica indijskih oreščkov

1 cm ingverjeve korenine

½ žlice gheeja

1 velika čebula, drobno sesekljana

4 stroki česna, drobno sesekljani

400 g narezanih gob

200 g konzerviranega graha

Sol po okusu

1 žlica jogurta

1 žlica enojne smetane

10 g koriandrovih listov, drobno sesekljanih

metoda

- Zelene čilije, mak, kardamom, indijske oreščke in ingver zmeljemo v gosto pasto. Dati na stran.
- V loncu segrejte ghee. Dodajte čebulo. Pražimo na srednjem ognju, da postekleni.
- Dodajte mešanico česna in mletega zelenega čilija. Pražimo 5-7 minut.
- Dodamo gobe in grah. Pražimo 3-4 minute.
- Dodamo sol, jogurt in smetano. Dobro premešaj. Med občasnim mešanjem dušimo 5-7 minut.
- Okrasite z listi koriandra. Postrezite toplo.

Navratan korma

(pikantno mešana zelenjava)

za 4

Sestavine

1 žlička kuminovih semen

2 žlički makovih semen

3 zeleni stroki kardamoma

1 velika čebula, drobno sesekljana

25 g naribanega kokosa

3 zeleni čili, prerezani po dolžini

3 žlice gheeja

15 indijskih oreščkov

3 žlice masla

400 g konzerviranega graha

2 korenčka, kuhana in narezana

1 manjše jabolko, drobno sesekljano

2 rezini ananasa, drobno sesekljan

125 g jogurta

60 ml enojne smetane

120 ml paradižnikovega kečapa

20 rozin

Sol po okusu

1 žlica cheddar sira, naribanega

1 žlica koriandrovih listov, drobno sesekljanih

2 glazirani češnji

metoda

- Kumino in mak zmeljemo v fin prah. Dati na stran.
- Kardamom, čebulo, kokos in zelene čilije zmeljemo v gosto pasto. Dati na stran.
- Segrejte ghee. Dodajte indijske oreščke. Pražimo jih na zmernem ognju, dokler ne postanejo zlato rjave barve. Odcedimo in odstavimo. Gheeja ne zavrzite.
- Gheeju dodamo maslo in mešanico segrevamo minuto, pri čemer dobro mešamo.
- Dodajte mešanico kardamoma in čebule. Na srednjem ognju med mešanjem pražimo 2 minuti.
- Dodamo grah, korenje, jabolko in ananas. Zmes med mešanjem pražimo 5-6 minut.
- Dodamo kumino-makovo mešanico. Na majhnem ognju kuhamo še minuto.
- Dodamo jogurt, smetano, kečap, rozine in sol. Zmes mešamo na majhnem ognju 7-8 minut.
- Kormo okrasimo s sirom, koriandrovimi listi, češnjami in popraženimi indijskimi oreščki. Postrezite toplo.

Sindhi Sai Bhaji*

(Sindhi začinjena zelenjava)

   za 4

Sestavine

  3 žlice rafiniranega rastlinskega olja

  1 velika čebula, sesekljana

  3 zeleni čili, prerezani po dolžini

  6 strokov česna, drobno sesekljanega

  1 korenček, drobno sesekljan

  1 velika zelena paprika, drobno sesekljana

  1 manjši ohrovt, drobno sesekljan

  1 velik krompir, drobno narezan

  1 jajčevec, drobno narezan

  100 g sesekljane bamije

  100 g francoskega fižola, drobno sesekljanega

  150 g špinačnih listov, drobno narezanih

  100 g koriandrovih listov, drobno sesekljanih

  300g/10oz Masoor Dhal*, namočeno 30 minut in odcejeno

  150 g mung dala*, namočeno 30 minut in odcejeno

750 ml/1¼ litra vode

1 žlička čilija v prahu

1 žlička mletega koriandra

½ žličke kurkume

1 žlička soli

1 paradižnik

½ žlice gheeja

Ščepec asafetide

metoda

- V velikem loncu segrejte olje. Dodajte čebulo. Pražimo na srednjem ognju, da postekleni.
- Dodajte zeleni čili in česen. Pražimo še minuto.
- Dodajte vse preostale sestavine razen paradižnika, gheeja in asafetide. Temeljito premešajte. Pokrijte s pokrovko in kuhajte na majhnem ognju 10 minut, občasno premešajte.
- Cel paradižnik položite na zelenjavno mešanico, ponovno pokrijte in nadaljujte s kuhanjem mešanice 30 minut.
- Odstavite z ognja in vsebino grobo premešajte. Odložite bhaji na stran.
- V loncu segrejte ghee. Dodajte asafetido. Pustite, da jeclja 10 sekund. Prelijte neposredno čez bhaji. Mešanico temeljito premešajte. Postrezite toplo.

Nawabi rdeča pesa

(bogata rdeča pesa)

za 4

Sestavine

500 g srednje velike rdeče pese, olupljene

125 g jogurta

120 ml enojne kreme

Sol po okusu

2,5 cm ingverjeve korenine, juliena

100 g svežega graha

1 žlica limoninega soka

1 žlica rafiniranega rastlinskega olja

2 žlici masla

1 velika čebula, naribana

6 strokov česna, strtih

1 žlička čilija v prahu

Ščepec kurkume

1 čajna žlička garam masala

250 g sira Cheddar, naribanega

50 g koriandrovih listov, drobno sesekljanih

metoda

- Rdečo peso izdolbite. Izdolbenih delov ne zavrzite. Dati na stran.
- Zmešajte 2 žlici jogurta, 2 žlici smetane in sol.
- V to mešanico stresite izdolbeno peso, da se dobro prekrije.
- To peso dušite na srednjem ognju 5-7 minut. Dati na stran.
- Zmešajte porcije rdeče pese z ingverjem, grahom, limoninim sokom in soljo.
- V loncu segrejemo olje. Dodajte mešanico rdeče pese in ingverja. Na zmernem ognju pražimo 4-5 minut.
- S to mešanico nadevajte dušeno peso. Dati na stran.
- V kozici segrejemo maslo. Dodamo čebulo in česen. Na zmernem ognju pražimo toliko časa, da čebula postekleni.
- Dodajte preostalo smetano, čili v prahu, kurkumo in garam masalo. Dobro premešaj. Kuhajte 4-5 minut.
- Dodamo nadevano peso, preostali jogurt in sir. Dušimo 2-3 minute in dodamo liste koriandra. Postrezite toplo.

Baghara Baingan

(pekoči in pikantni jajčevci)

za 4

Sestavine

1 žlica koriandrovih semen

1 žlica makovih semen

1 žlica sezamovih semen

½ žličke kuminovih semen

3 suhi rdeči čiliji

100 g svežega naribanega kokosa

3 velike čebule, drobno sesekljane

2,5 cm ingverjeve korenine

5 žlic rafiniranega rastlinskega olja

500 g narezanih jajčevcev

8 curryjevih listov

½ žličke kurkume

½ žličke čilija v prahu

3 zeleni čili, prerezani po dolžini

8 curryjevih listov

1½ žličke tamarindove paste

250 ml/8 fl oz vode

Sol po okusu

metoda

- Koriandrovo seme, mak, sezamovo seme, kumino in rdeče čilije na suho pražimo 1-2 minuti. Dati na stran.
- Kokos, 1 čebulo in ingver zmeljemo v gosto pasto. Dati na stran.
- V loncu segrejemo polovico olja. Dodajte jajčevce. Na zmernem ognju pražimo 5 minut, občasno obrnemo. Odcedimo in odstavimo.
- V loncu segrejte preostalo olje. Dodajte curryjeve liste in preostalo čebulo. Na zmernem ognju jih pražimo toliko časa, da čebula porjavi.
- Dodajte kokosovo pasto. Pražimo minuto.
- Dodajte preostale sestavine. Dobro premešaj. Na majhnem ognju kuhamo 3-4 minute.
- Dodamo suho praženo mešanico koriandra in maka. Dobro premešaj. Nadaljujte s kuhanjem 2-3 minute.
- Dodamo popražene jajčevce. Mešanico temeljito premešajte. Kuhajte 3-4 minute. Postrezite toplo.

Dušena korenčkova kofta

za 4

Sestavine

2 žlici rafiniranega rastlinskega olja

2 veliki čebuli, naribani

6 paradižnikov, drobno narezanih

1 žlica jogurta

1 čajna žlička garam masala

Za kofto:

2 velika korenčka, naribana

125 g besana*

125 g polnozrnate moke

150 g zdrobljene pšenice

1 čajna žlička garam masala

½ žličke kurkume

1 žlička čilija v prahu

¼ žličke citronske kisline

½ žličke natrijevega bikarbonata

2 žlici rafiniranega rastlinskega olja

Sol po okusu

Za pasto:

3 žličke koriandrovih semen

1 žlička kuminovih semen

4 zrna črnega popra

3 nageljnove žbice

5 cm cimeta

2 stroka zelenega kardamoma

3 žličke svežega naribanega kokosa

6 rdečih čilijev

Sol po okusu

2 žlici vode

metoda

- Vse sestavine za kofto zgnetemo s toliko vode, da nastane mehko testo. Testo razdelimo na kroglice v velikosti oreha.
- Kroglice dušimo v sopari na zmernem ognju 7-8 minut. Dati na stran.
- Zmešajte vse sestavine paste razen vode. Mešanico pražimo na srednjem ognju 2-3 minute.
- Mešanici dodamo vodo in zmeljemo, da nastane gladka pasta. Dati na stran.
- V loncu segrejemo olje. Dodamo naribano čebulo. Pražimo na srednjem ognju, dokler ne posteklenijo.
- Dodamo paradižnik, jogurt, garam masalo in mleto pasto. Mešanico pražimo 2-3 minute.
- Dodamo poparjene kroglice. Dobro premešaj. Mešanico kuhamo na majhnem ognju 3-4 minute, občasno premešamo. Postrezite toplo.

Dhingri Shabnam

(Paneer cmoki polnjeni z gobami)

za 4

Sestavine

450 g panirja*

125 g čiste bele moke

60 ml vode

Rafinirano rastlinsko olje plus dodatek za globoko cvrtje

¼ žličke garam masala

Za nadev:

100 g gob

1 žlička nesoljenega masla

8 indijskih oreščkov, sesekljanih

16 rozin

2 žlici khoya*

1 žlica paneerja*

1 žlica koriandrovih listov, drobno sesekljanih

1 zeleni čili, sesekljan

Za omako:

2 žlici rafiniranega rastlinskega olja

¼ žličke semen piskavice

1 čebula, drobno sesekljana

1 žlička česnove paste

1 žlička ingverjeve paste

¼ žličke kurkume

7-8 mletih indijskih oreščkov

50 g jogurta

1 velika čebula, zmleta v pasto

750 ml/1¼ litra vode

Sol po okusu

metoda

- Panir zgnetemo in pomokamo s 60 ml vode, da oblikujemo mehko testo. Testo razdelite na 8 kroglic. Sploščite na rezine. Dati na stran.
- Za nadev narežemo gobe.
- V ponvi segrejemo maslo. Dodamo narezane gobe. Na srednjem ognju jih pražimo minuto.
- Odstavite z ognja in zmešajte s preostalimi sestavinami za nadev.
- To mešanico razdelite na 8 enakih delov.
- Na vsako ploščo moke za panir položite del nadeva. Zaprite v vrečko in sploščite v kroglice, da naredite kofte.

- V ponvi segrejte olje za globoko cvrtje. Dodajte kofte. Pražimo jih na zmernem ognju, dokler ne postanejo zlato rjave barve. Odcedimo in odstavimo.
- Za omako v loncu segrejemo 2 žlici olja. Dodajte semena triplata. Pustite jih jecljati 15 sekund.
- Dodajte čebulo. Pražite na zmernem ognju, dokler ne postekleni.
- Dodajte preostale sestavine omake. Dobro premešaj. Pustimo vreti 8-10 minut.
- Odstavite z ognja in omako precedite skozi jušno sito v poseben lonec.
- Precejeni omaki previdno dodamo kofte.
- To mešanico kuhajte 5 minut in nežno mešajte.
- Potresite garam masalo čez Dhingri Shabnam. Postrezite toplo.

Gobe Xacutti

(Začinjene gobe v Goan Curryju)

za 4

Sestavine

4 žlice rafiniranega rastlinskega olja

3 rdeči čiliji

2 veliki čebuli, drobno sesekljani

1 kokos, nariban

2 žlički koriandrovih semen

4 zrna črnega popra

½ žličke kurkume

1 žlička makovih semen

2,5 cm cimeta

2 nageljnove žbice

2 stroka zelenega kardamoma

½ žličke kuminovih semen

½ žličke semen komarčka

5 strokov česna, strtih

Sol po okusu

2 paradižnika, drobno narezana

1 žlička tamarindove paste

500 g gob, narezanih

1 žlica koriandrovih listov, drobno sesekljanih

metoda

- V loncu segrejte 3 žlice olja. Dodamo rdeče čilije. Na srednjem ognju jih pražimo 20 sekund.
- Dodajte čebulo in kokos. Zmes pražimo toliko časa, da porjavi. Dati na stran.
- Segrejte lonec. Dodajte koriandrova semena, poprova zrna, kurkumo, mak, cimet, nageljnove žbice, kardamom, kumino in semena komarčka. Zmes na suhem pražimo 1-2 minuti, med stalnim mešanjem.
- Dodamo česen in sol. Dobro premešaj. Suho pražimo še minuto. Odstranite z ognja in zmeljemo do gladkega.
- Segrejte preostalo olje. Dodajte paradižnik in tamarind pasto. To zmes pražimo na srednjem ognju minuto.
- Dodajte gobe. Pražimo 2-3 minute.
- Dodajte mešanico koriandrovih semen in popra ter mešanico čebule in kokosa. Dobro premešaj. Na majhnem ognju pražimo 3-4 minute.
- Gobove xacutti okrasite s koriandrovimi listi. Postrezite toplo.

Panir in koruzni curry

za 4

Sestavine

3 nageljnove žbice

2,5 cm cimeta

3 zrna črnega popra

1 žlica zdrobljenih indijskih oreščkov

1 žlica makovih semen

3 žlice toplega mleka

2 žlici rafiniranega rastlinskega olja

1 velika čebula, naribana

2 lovorjeva lista

½ žličke ingverjeve paste

½ žličke česnove paste

1 žlička rdečega čilija v prahu

4 paradižniki, pasirani

125 g stepenega jogurta

2 žlici enojne smetane

1 žlička sladkorja

½ žličke garam masala

250g/9oz panirja*, sesekljan

200 g kuhanih koruznih zrn

Sol po okusu

2 žlici koriandrovih listov

metoda

- Nageljnove žbice, cimet in poprova zrna zmeljemo v fin prah. Dati na stran.
- Indijske oreščke in mak za 30 minut namočimo v toplo mleko. Dati na stran.
- V loncu segrejemo olje. Dodamo čebulo in lovorjev list. Na srednjem ognju jih pražimo minuto.
- Dodajte zmlete nageljnove žbice, cimet in poper v prahu ter mešanico indijskih oreščkov, maka in mleka.
- Dodajte ingverjevo pasto, česnovo pasto in rdeči čili v prahu. Dobro premešaj. Pražimo minuto.
- Dodajte paradižnik. Zmes med mešanjem pražimo na majhnem ognju 2-3 minute.
- Dodajte jogurt, smetano, sladkor, garam masalo, paneer, koruzna zrna in sol. Mešanico temeljito premešajte. Na majhnem ognju kuhamo 7-8 minut, občasno premešamo.
- Curry okrasite z listi koriandra. Postrezite toplo.

Basant Bahar

(pikantni zeleni paradižniki v omaki)

za 4

Sestavine

500 g zelenih paradižnikov

1 žlička rafiniranega rastlinskega olja

Ščepec asafetide

3 majhne čebule, drobno sesekljane

10 strokov česna, strtih

250 g besana*

1 žlička semen koromača

1 žlička mletega koriandra

¼ žličke kurkume

¼ žličke garam masala

½ žličke čilija v prahu

1 žlička limoninega soka

Sol po okusu

Za omako:

3 čebule, pražene

2 paradižnika, pečena

1 cm ingverjeve korenine

2 zelena čilija

1 žlička jogurta

1 žlička enojne smetane

Ščepec asafetide

1 žlička kuminovih semen

2 lovorjeva lista

Sol po okusu

2 žlici rafiniranega rastlinskega olja

150 g mehkega kozjega sira, nadrobljenega

1 žlica koriandrovih listov, drobno sesekljanih

metoda

- Z nožem prekrižajte in zarežite zgornjo polovico paradižnika, spodnjo polovico pa pustite nedotaknjeno. Ponovite za vse paradižnike. Dati na stran.
- V loncu segrejemo olje. Dodajte asafetido. Pustite, da jeclja 10 sekund.
- Dodajte čebulo in česen. Na zmernem ognju jih pražimo toliko časa, da čebula postekleni.
- Dodajte besan, semena komarčka, mleti koriander, kurkumo, garam masalo in čili v prahu. Nadaljujte s cvrtjem 1-2 minuti.

- Dodamo limonin sok in sol. Dobro premešaj. Odstavite z ognja in to mešanico vlijte v narezan paradižnik. Polnjene paradižnike odstavimo.
- Vse sestavine omake razen olja, kozjega sira in listov koriandra zmeljemo v gladko pasto. Dati na stran.
- Segrejte 1 čajno žličko olja. Dodajte kozji sir. Pražimo na zmernem ognju, dokler ne postane zlato rjava. Dati na stran.
- V drugi posodi segrejte preostalo olje. Dodajte mleto pasto za omako. Zmes med občasnim mešanjem kuhamo na zmernem ognju 4-5 minut.
- Dodamo nadevane paradižnike. Dobro premešaj. Lonec pokrijemo s pokrovko in zmes kuhamo na srednjem ognju 4-5 minut.
- Na basant bahar potresemo liste koriandra in ocvrt kozji sir. Postrezite toplo.

Palak kofta

(špinačni cmoki v omaki)

za 4

Sestavine

Za kofto:

300 g špinače, drobno sesekljane

1 cm ingverjeve korenine

1 zeleni čili

1 strok česna

Sol po okusu

½ žličke garam masala

30 g kozjega sira, odcejenega

2 žlici besana*, pražen

4 žlice rafiniranega rastlinskega olja plus dodatek za cvrtje

Za omako:

½ žličke kuminovih semen

2,5 cm ingverjeve korenine

2 stroka česna

¼ žličke koriandrovih semen

2 majhni čebuli, zmleti

Ščepec čilija v prahu

¼ žličke kurkume

½ paradižnika, pire

Sol po okusu

120 ml vode

2 žlici enojne smetane

1 žlica drobno sesekljanih koriandrovih listov

metoda

- Za pripravo kofte v loncu zmešajte špinačo, ingver, zeleni čili, česen in sol. To mešanico kuhajte na srednjem ognju 15 minut. Odcedimo in zmeljemo v gladko pasto.
- To pasto zgnetite z vsemi preostalimi sestavinami za kofto razen olja, da nastane čvrsto testo. To testo razdelite na kroglice v velikosti oreha.
- V loncu segrejte olje za globoko cvrtje. Dodajte kroglice. Pražimo jih na zmernem ognju, dokler ne postanejo zlato rjave barve. Odcedimo in odstavimo.
- Za omako zmeljemo kumino, ingver, česen in koriandrova semena. Dati na stran.
- V loncu segrejte 4 žlice olja. Dodamo mleto čebulo. Na majhnem ognju pražimo do rjave barve. Dodajte kumino-ingverjevo pasto. Pražimo še minuto.
- Dodajte čili v prahu, kurkumo in paradižnikovo pasto. Dobro premešaj. Nadaljujte s cvrtjem 2-3 minute.

- Dodamo sol in vodo. Dobro premešaj. Pokrijemo s pokrovko in ob rednem mešanju dušimo 5-6 minut.
- Odkrijemo in dodamo kofte. Dušimo še 5 minut.
- Okrasite s smetano in listi koriandra. Postrezite toplo.

Zeljne kofte

(zeljni cmoki v omaki)

za 4

Sestavine

Za kofto:

100 g zelja, naribanega

4 veliki krompirji, kuhani

1 žlička kuminovih semen

1 žlička ingverjeve paste

2 zelena čilija, drobno narezana

1 žlička limoninega soka

Sol po okusu

Rafinirano rastlinsko olje za globoko cvrtje

Za omako:

1 žlica masla

3 majhne čebule, drobno sesekljane

4 stroki česna

4-6 paradižnikov, drobno narezanih

¼ žličke kurkume

1 žlička čilija v prahu

1 žlička sladkorja

250 ml/8 fl oz vode

Sol po okusu

1 žlica koriandrovih listov, drobno sesekljanih

metoda

- Vse sestavine za kofto razen olja zgnetemo v mehko testo. Testo razdelimo na kroglice v velikosti oreha.
- V loncu segrejemo olje. Kroglice pražimo na zmernem ognju do zlato rjave barve. Odcedimo in odstavimo.
- Za pripravo omake v kozici segrejemo maslo. Dodajte čebulo in česen. Pražimo jih na zmernem ognju, dokler ne postanejo zlato rjave barve.
- Dodajte paradižnik, kurkumo in čili v prahu. Zmes med mešanjem pražimo 4-5 minut.
- Dodamo sladkor, vodo in sol. Dobro premešaj. Pokrijte s pokrovko in dušite 6-7 minut.
- Dodamo ocvrte kofte. Pustimo vreti 5-6 minut.
- Ohrovtovo kofto okrasimo s koriandrovimi listi. Postrezite toplo.

Koottu

(Nezrel bananin curry)

za 4

Sestavine

2 žlici svežega naribanega kokosa

½ žličke kuminovih semen

2 zelena čilija

1 žlica dolgozrnatega riža, namočenega 15 minut

500 ml/16 fl oz vode

200 g nezrele banane, olupljene in narezane na kocke

Sol po okusu

2 žlici kokosovega olja

½ žličke gorčičnih semen

½ žličke Urad Dhal*

Ščepec asafetide

8-10 curryjevih listov

metoda

- Kokos, kumino, zeleni čili in riž zmeljemo s 4 žlicami vode v gladko pasto. Dati na stran.
- Banano zmešajte s preostalo vodo in soljo. To mešanico kuhajte v ponvi na zmernem ognju 10-12 minut.
- Dodajte pasto iz kokosove kumine. Kuhajte 2-3 minute. Dati na stran.
- V loncu segrejemo olje. Dodajte gorčična semena, urad dhal, asafoetido in curryjeve liste. Pustite jih jecljati 30 sekund.
- To mešanico dodajte bananinemu kariju. Dobro premešaj. Postrezite toplo.

OBVESTILO: *Nezrelo banano lahko nadomestite tudi z belo ali kačjo bučo.*

Paneer maslo masala

za 4

Sestavine

Rafinirano rastlinsko olje za cvrtje

500 g/1 lb 2 oz panirja*, sekljan

1 velik korenček, drobno narezan

100 g francoskega fižola, drobno sesekljanega

200 g zamrznjenega graha

3 zeleni čili, zmleti

Sol po okusu

1 žlica koriandrovih listov, drobno sesekljanih

Za omako:

2,5 cm ingverjeve korenine

4 stroki česna

4 zeleni čiliji

1 žlička kuminovih semen

3 žlice masla

2 majhni čebuli, naribani

4 paradižniki, pasirani

1 žlička koruznega škroba

300 g jogurta

2 žlici sladkorja

½ žličke garam masala

250 ml/8 fl oz vode

Sol po okusu

metoda

- V loncu segrejemo olje. Dodajte koščke paneerja. Pražimo jih na zmernem ognju, dokler ne postanejo zlato rjave barve. Odcedimo in odstavimo.
- Zmešajte korenje, fižol in grah. To zmes dušite v sopari na zmernem ognju 8-10 minut.
- Dodamo zelene čilije in sol. Dobro premešaj. Dati na stran.
- Za pripravo omake zmeljemo ingver, česen, zeleni čili in kumino v gladko pasto.
- V kozici segrejemo maslo. Dodajte čebulo. Na zmernem ognju jih pražimo toliko časa, da posteklenijo.
- Dodajte ingverjevo česnovo pasto in paradižnik. Pražimo še minuto.
- Dodajte koruzni škrob, jogurt, sladkor, garam masalo, vodo in sol. Zmes mešamo 4-5 minut.
- Dodamo mešanico poparjene zelenjave in ocvrt panir. Dobro premešaj. Pokrijte s pokrovko in mešanico kuhajte na majhnem ognju 2-3 minute.
- Okrasite masalo paneer masla z listi koriandra. Postrezite toplo.

Mor Kolambu

(zelenjava v južnoindijskem slogu)

za 4

Sestavine

2 žlici kokosovega olja

2 srednja jajčevca, narezana na kocke

2 indijski bobni*, sesekljan

100 g buče*, narezane na kocke

100 g okra

Sol po okusu

200 g jogurta

250 ml/8 fl oz vode

10 curryjevih listov

Za začimbno mešanico:

2 žlici mung dala*, namočeno 10 minut

1 žlica koriandrovih semen

½ žličke kuminovih semen

4-5 semen piskavice

½ žličke gorčičnih semen

½ žličke basmati riža

2 žlički svežega naribanega kokosa

metoda

- Vse sestavine začimbne mešanice zmešamo skupaj. Dati na stran.
- V loncu segrejte kokosovo olje. Dodamo jajčevce, krače, bučo, okra in sol. To mešanico pražimo na srednjem ognju 4-5 minut.
- Dodamo mešanico začimb. Pražimo 4-5 minut.
- Dodajte jogurt in vodo. Dobro premešaj. Pokrijte s pokrovko in dušite 7-8 minut.
- Okrasite mor kolambu z listi karija. Postrezite toplo.

Aloo Gobhi aur Methi ka Tuk

(Krompir, cvetača in triplata po sindhijsko)

za 4

Sestavine

500 ml/16 fl oz vode

Sol po okusu

4 veliki neolupljeni krompirji, narezani na 5 cm velike kose

20 g/¾ oz svežih listov piskavice

3 žlice rafiniranega rastlinskega olja

1 žlica gorčičnih semen

2-4 curry listi

1 žlica ingverjeve paste

1 žlička česnove paste

800 g cvetov cvetače

1 žlička čilija v prahu

1 žlička amhorja*

½ žličke mlete kumine

½ žličke grobo mletega črnega popra

Velik ščepec posušenih listov piskavice

2 žlici svežih semen granatnega jabolka

metoda

- V lonec nalijemo vodo, jo solimo in zavremo.
- Dodamo krompir in kuhamo toliko časa, da postane mehak. Krompir odcedimo in odstavimo.
- Sveže liste triplata natrite s soljo, da zmanjšate njihovo grenkobo. Liste operemo in odcedimo. Dati na stran.
- V loncu segrejemo olje. Dodamo gorčična semena in curryjeve liste. Pustite jih jecljati 15 sekund.
- Dodajte ingverjevo pasto in česnovo pasto. Zmes pražimo na zmernem ognju minuto.
- Dodamo cvetove cvetače, čili v prahu, amčoor, mleto kumino, poper in posušene liste triplata. Nadaljujte s cvrtjem 3-4 minute.
- Dodamo krompir in sveže liste triplata. Zmes med mešanjem pražimo na majhnem ognju 7-8 minut.
- Okrasite s semeni granatnega jabolka. Postrezite toplo.

Avial

(južnoindijska mešanica zelenjave)

za 4

Sestavine

400 g naravnega jogurta

1 žlička kuminovih semen

100 g svežega naribanega kokosa

Sol po okusu

4 čajne žličke koriandrovih listov, drobno sesekljanih

750 ml/1¼ litra vode

100 g buče*, sesekljane

200 g mešane zamrznjene zelenjave

¼ žličke kurkume

4 zeleni čili, prerezani po dolgem

120 ml/4 fl oz rafiniranega rastlinskega olja

¼ žličke gorčičnih semen

10 curryjevih listov

Ščepec asafetide

2 posušena rdeča čilija

metoda

- Jogurt stepemo s kumino, kokosom, soljo, listi koriandra in 250 ml vode. Dati na stran.
- V globoki kozici zmešamo bučo in mešano zelenjavo s soljo, 500 ml vode in kurkumo. To mešanico kuhajte na srednjem ognju 10-15 minut. Dati na stran.
- Dodamo jogurtovo mešanico in zelene čilije ter med pogostim mešanjem dušimo 10 minut. Dati na stran.
- V loncu segrejemo olje. Dodajte preostale sestavine. Pustite jih jecljati 30 sekund.
- To vlijemo v zelenjavno mešanico. Dobro premešaj. Pustimo vreti 1-2 minuti.
- Postrezite toplo.

Curry iz pinjenca

za 4

Sestavine

400 g jogurta

250 ml/8 fl oz vode

3 žličke besana*

2 zelena čilija, prerezana po dolžini

10 curryjevih listov

Sol po okusu

1 žlica gheeja

½ žličke kuminovih semen

6 strokov česna, strtih

2 nageljnove žbice

2 rdeča čilija

Ščepec asafetide

½ žličke kurkume

1 žlička čilija v prahu

2 žlici koriandrovih listov, drobno sesekljanih

metoda

- V loncu dobro premešajte jogurt, vodo in besan. Pazimo, da ne nastanejo grudice.
- Dodajte zelene čilije, curryjeve liste in sol. To zmes kuhamo na majhnem ognju 5-6 minut, občasno premešamo. Dati na stran.
- V loncu segrejte ghee. Dodamo kumino in česen. Na srednjem ognju jih pražimo minuto.
- Dodajte nageljnove žbice, rdeči čili, asafetido, kurkumo in čili v prahu. Dobro premešaj. To mešanico pražimo 1 minuto.
- To vlijemo v jogurtov curry. Pustimo vreti 4-5 minut.
- Curry okrasite z listi koriandra. Postrezite toplo.

Cvetačna krema curry

za 4

Sestavine

1 žlička kuminovih semen

3 zeleni čili, prerezani po dolžini

1 cm naribane korenine ingverja

150 g gheeja

500 g cvetov cvetače

3 veliki krompirji, narezani na kocke

2 paradižnika, drobno narezana

125 g zamrznjenega graha

2 žlici sladkorja

750 ml/1¼ litra vode

Sol po okusu

250 ml enojne smetane

1 čajna žlička garam masala

25 g koriandrovih listov, drobno sesekljanih

metoda

- Kumino, zeleni čili in ingver zmeljemo v pasto. Dati na stran.
- V loncu segrejte ghee. Dodamo cvetačo in krompir. Pražimo jih na zmernem ognju, dokler ne postanejo zlato rjave barve.
- Dodajte kumino čili pasto. Pražimo 2-3 minute.
- Dodamo paradižnik in grah. Dobro premešaj. To mešanico pražimo 3-4 minute.
- Dodamo sladkor, vodo, sol in smetano. Temeljito premešajte. Pokrijemo s pokrovko in dušimo 10-12 minut.
- Po curryju potresemo garam masalo in liste koriandra. Postrezite toplo.

grah

(grahova masala)

za 3

Sestavine

1 žlica rafiniranega rastlinskega olja

¼ žličke gorčičnih semen

¼ žličke kuminovih semen

¼ žličke čilija v prahu

¼ žličke garam masala

2 zelena čilija, prerezana po dolžini

500g/1lb 2oz svežega graha

2 žlici vode

Sol po okusu

1 žlica svežega naribanega kokosa

10 g koriandrovih listov, drobno sesekljanih

metoda

- V loncu segrejemo olje. Dodamo gorčična semena in kumino. Pustite jih jecljati 15 sekund.
- Dodajte čili v prahu, garam masalo in zelene čilije. Zmes pražimo na zmernem ognju minuto.
- Dodamo grah, vodo in sol. Dobro premešaj. Zmes kuhamo na majhnem ognju 7-8 minut.
- Okrasite s kokosom in listi koriandra. Postrezite toplo.

Aloo Posto

(krompir z makom)

za 4

Sestavine

2 žlici gorčičnega olja

1 žlička kuminovih semen

4 žlice maka, zmletega

4 zeleni čili, narezani

½ žličke kurkume

Sol po okusu

6 krompirjev, kuhanih in narezanih na kocke

2 žlici koriandrovih listov, drobno sesekljanih

metoda

- V loncu segrejemo olje. Dodamo semena kumine. Pustite jih jecljati 15 sekund.
- Dodamo mleti mak, zeleni čili, kurkumo in sol. Mešanico pražimo nekaj sekund.
- Dodajte krompir. Dobro vrzi. Mešanico pražimo 3-4 minute.
- Okrasite z listi koriandra. Postrezite toplo.

Zeleno bruhanje

(Paneer v špinačni omaki)

za 4

Sestavine

1 žlica rafiniranega rastlinskega olja

50 g panirja*, na kocke

1 žlička kuminovih semen

1 zelena paprika čili, prerezana po dolžini

1 majhna čebula, drobno sesekljana

200 g špinače, poparjene in mlete

1 žlička limoninega soka

Sladkor po želji

Sol po okusu

metoda

- V loncu segrejemo olje. Dodamo paneer in pražimo do zlato rjave barve. Odcedimo in odstavimo.
- V isto olje dodajte semena kumine, zeleni čili in čebulo. Na zmernem ognju pražimo toliko časa, da čebula porjavi.
- Dodajte preostale sestavine. Mešanico temeljito premešajte. Kuhajte 5 minut.
- Pustite, da se mešanica nekaj časa ohladi. V kuhinjskem robotu zmeljemo v grobo pasto.
- Damo v lonec in dodamo popražene koščke paneerja. Nežno premešamo. Na majhnem ognju kuhamo 3-4 minute. Postrezite toplo.

Matar paneer

(grah in paneer)

za 4

Sestavine

1½ žlice gheeja

250g/9oz panirja*, sesekljan

2 lovorjeva lista

½ žličke čilija v prahu

¼ žličke kurkume

1 žlička mletega koriandra

½ žličke mlete kumine

400 g kuhanega graha

2 velika paradižnika, blanširana

5 indijskih oreščkov, zmletih v pasto

2 žlici grškega jogurta

Sol po okusu

metoda

- V loncu segrejte polovico gheeja. Dodamo koščke paneerja in pražimo na srednjem ognju do zlato rjave barve. Dati na stran.
- V loncu segrejte preostali ghee. Dodajte lovorjev list, čili v prahu, kurkumo, koriander in kumino. Pustite jih jecljati 30 sekund.
- Dodamo grah in paradižnik. Pražimo 2-3 minute.
- Dodamo pasto iz indijskih oreščkov, jogurt, sol in ocvrte koščke paneerja. Dobro premešaj. Zmes med občasnim mešanjem dušimo 10 minut. Postrezite toplo.

Dahi Karela

(pečena grenčica v jogurtu)

za 4

Sestavine

250 g grenke buče*, olupljen in vzdolžno prerezan

Sol po okusu

1 žlička amhorja*

2 žlici rafiniranega rastlinskega olja plus dodatek za cvrtje

2 veliki čebuli, drobno sesekljani

½ žličke česnove paste

½ žličke ingverjeve paste

400 g jogurta

1½ žličke mletega koriandra

1 žlička čilija v prahu

½ žličke kurkume

½ žličke garam masala

250 ml/8 fl oz vode

metoda

- Grenčico eno uro mariniramo s soljo in amčorom. V loncu segrejte olje za globoko cvrtje. Dodajte bučo. Na srednjem ognju pražimo do zlato rjave barve. Odcedimo in odstavimo.
- V loncu segrejte 2 žlici olja. Dodajte čebulo, česnovo pasto in ingverjevo pasto. Na zmernem ognju pražimo toliko časa, da čebula porjavi.
- Dodajte preostale sestavine in grenko bučo. Dobro premešaj. Zmes kuhamo na majhnem ognju 7-8 minut. Postrezite toplo.

Paradižnikov curry z zelenjavo

za 4

Sestavine

3 žlice rafiniranega rastlinskega olja

Ščepec gorčičnih semen

Ščepec kumine

Ščepec asafetide

8 curryjevih listov

4 zeleni čili, drobno narezani

200 g mešane zamrznjene zelenjave

750 g pasiranega paradižnika

4 žlice besana*

Sol po okusu

metoda

- V loncu segrejemo olje. Dodajte gorčična semena, kumino, asafetido, curryjeve liste in čili. Pustite jih jecljati 15 sekund.
- Dodajte zelenjavo, paradižnikovo pasto, besan in sol. Dobro premešaj. Na majhnem ognju kuhamo 8-10 minut, občasno premešamo. Postrezite toplo.

Doodhi s Chano Dhal

(Steklenična buča v Gram Dhalu)

za 4

Sestavine

1 žlička rafiniranega rastlinskega olja

¼ žličke gorčičnih semen

500 g/1 lb 2 oz buče*, na kocke

1 žlica chana dhal*, namočeno 1 uro in odcejeno

2 paradižnika, drobno narezana

Ščepec kurkume

2 žlički jaggerja*, nariban

½ žličke čilija v prahu

Sol po okusu

120 ml vode

10 g koriandrovih listov, drobno sesekljanih

metoda

- V loncu segrejemo olje. Dodajte gorčična semena. Pustite jih jecljati 15 sekund.
- Dodajte preostale sestavine razen vode in koriandrovih listov. Dobro premešaj. Pražimo 4-5 minut. Dodajte vodo. Pustimo vreti 30 minut.
- Okrasite z listi koriandra. Postrezite toplo.

Tomato Chi Bhaji*

(paradižnikov curry)

za 4

Sestavine

250 g praženih arašidov

3 zeleni čiliji

6 velikih paradižnikov, blanširanih in narezanih

1½ žlice tamarindove paste

1 žlica jaggerja*, nariban

1 čajna žlička garam masala

1 žlička mlete kumine

½ žličke čilija v prahu

Sol po okusu

1 žlica koriandrovih listov, drobno sesekljanih

metoda

- Arašide in zelene čilije zmeljemo v gladko pasto.
- Zmešajte s preostalimi sestavinami razen koriandrovih listov. To mešanico kuhajte v ponvi na zmernem ognju 5-6 minut.
- Bhaji okrasite z listi koriandra. Postrezite toplo.

Suh krompir

za 4

Sestavine

1 žlica rafiniranega rastlinskega olja

½ žličke gorčičnih semen

3 zeleni čili, prerezani po dolžini

8-10 curryjevih listov

¼ žličke asafetide

¼ žličke kurkume

Sol po okusu

500 g krompirja, kuhanega in narezanega na kocke

10 g koriandrovih listov, drobno sesekljanih

metoda

- V loncu segrejemo olje. Dodajte gorčična semena. Pustite jih jecljati 15 sekund.
- Dodajte zelene čilije, curryjeve liste, asafetido, kurkumo in sol. To zmes pražimo na srednjem ognju minuto.
- Dodajte krompir. Dobro vrzi. Pokrijemo s pokrovko in kuhamo 5 minut.
- Krompirjevo mešanico okrasite z listi koriandra. Postrezite toplo.

Polnjena bamija

za 4

Sestavine

1 žlica mletega koriandra

6 strokov česna

50 g svežega kokosa, drobno naribanega

1 cm ingverjeve korenine

4 zeleni čiliji

6 žlic besana*

1 velika čebula, drobno sesekljana

1 žlička mlete kumine

½ žličke čilija v prahu

½ žličke kurkume

Sol po okusu

750g/1lb 10oz velike bamije, na pol razrezane

60 ml/2 fl oz rafiniranega rastlinskega olja

metoda

- Koriander, česen, kokos, ingver in zeleni čili zmeljemo v gladko pasto. To pasto zmešajte s preostalimi sestavinami razen bamije in olja.
- To mešanico nadevajte v okra.
- V ponvi segrejemo olje. Dodajte nadevano okro. Na srednjem ognju pražimo do rjave barve in občasno obrnemo. Postrezite toplo.

Masala okra

za 4

Sestavine

2 žlici rafiniranega rastlinskega olja

2 stroka česna, drobno sesekljana

½ žličke čilija v prahu

¼ žličke kurkume

½ žličke mletega koriandra

½ žličke mlete kumine

600 g sesekljane bamije

Sol po okusu

metoda

- V loncu segrejemo olje. Dodajte česen. Na srednjem ognju pražimo do rjave barve. Dodajte preostale sestavine razen bamije in soli. Dobro premešaj. To mešanico pražimo 1-2 minuti.
- Dodamo okra in sol. Zmes med mešanjem pražimo na majhnem ognju 3-4 minute. Postrezite toplo.

Simla Matar

(zeleni poper in grah curry)

za 4

Sestavine

2 žlici rafiniranega rastlinskega olja

3 majhne čebule, drobno sesekljane

2 zelena čilija, drobno narezana

1 žlička ingverjeve paste

1 žlička česnove paste

2 veliki zeleni papriki, narezani na kocke

600 g zamrznjenega graha

250 ml/8 fl oz vode

Sol po okusu

1 žlica svežega naribanega kokosa

½ žličke mletega cimeta

metoda

- V loncu segrejemo olje. Dodajte čebulo. Na zmernem ognju jih pražimo toliko časa, da porjavijo.
- Dodajte zelene čilije, ingverjevo pasto in česnovo pasto. Pražimo 1-2 minuti.
- Dodamo papriko in grah. Nadaljujte s cvrtjem 5 minut.
- Dodamo vodo in sol. Dobro premešaj. Pokrijemo s pokrovko in dušimo 8-10 minut.
- Okrasite s kokosom in cimetom. Postrezite toplo.

francoski fižol

za 4

Sestavine

3 žlice rafiniranega rastlinskega olja

¼ žličke kuminovih semen

¼ žličke kurkume

½ žličke čilija v prahu

1 žlička mletega koriandra

1 žlička mlete kumine

1 žlička sladkorja

Sol po okusu

500 g francoskega fižola, drobno sesekljanega

120 ml vode

metoda

- V loncu segrejemo olje. Dodamo kumino in kurkumo. Pustite jih jecljati 15 sekund.
- Dodajte preostale sestavine razen vode. Dobro premešaj.
- Dodajte vodo. Pokrijemo s pokrovom. Pustimo vreti 10-12 minut. Postrezite toplo.

Masala bobnarske palčke

za 4

Sestavine

2 žlici rafiniranega rastlinskega olja

2 majhni čebuli, drobno sesekljani

½ žličke ingverjeve paste

1 paradižnik, drobno narezan

1 zelen čili, drobno narezan

1 žlička mlete kumine

1 žlička mletega koriandra

½ žličke kurkume

¾ žličke čilija v prahu

4 indijske krače*, narežemo na 5 cm velike kose

Sol po okusu

250 ml/8 fl oz vode

1 žlica koriandrovih listov, drobno sesekljanih

metoda

- V loncu segrejemo olje. Dodajte čebulo in ingverjevo pasto. Na zmernem ognju jih pražimo toliko časa, da čebula postekleni.
- Dodajte preostale sestavine razen vode in koriandrovih listov. Dobro premešaj. Pražimo 5 minut. Dodajte vodo. Temeljito premešajte. Pokrijemo s pokrovom. Pustimo vreti 10-15 minut.
- Masala bedra okrasite z listi koriandra. Postrezite toplo.

Suhi pikantni krompir

za 4

Sestavine

750 g krompirja, kuhanega in narezanega na kocke

½ žličke chaat masale*

½ žličke čilija v prahu

¼ žličke kurkume

3 žlice rafiniranega rastlinskega olja

1 žlička belega sezama

2 suha rdeča čilija, narezana na četrtine

Sol po okusu

½ žličke mlete kumine, suho pražene

10 g koriandrovih listov, drobno sesekljanih

Sok ½ limone

metoda

- Krompir premešajte s chaat masalo, čilijem v prahu in kurkumo, dokler začimbe ne prekrijejo krompirja. Dati na stran.
- V loncu segrejemo olje. Dodamo sezamovo seme in rdeči čili. Pustite jih jecljati 15 sekund.
- Dodamo krompir in sol. Dobro premešaj. Na majhnem ognju kuhamo 7-8 minut. Po vrhu potresemo preostale sestavine. Postrezite toplo.

Khatte Palak

(pikantna špinača)

za 4

Sestavine

3 žlice rafiniranega rastlinskega olja

1 velika čebula, naribana

½ žličke ingverjeve paste

½ žličke česnove paste

400 g špinače, drobno sesekljane

2 zelena čilija, drobno narezana

½ žličke kurkume

1 žlička mlete kumine

Sol po okusu

125 g stepenega jogurta

metoda

- V loncu segrejemo olje. Dodajte pasto čebule, ingverja in česna. To mešanico pražite na zmernem ognju, dokler čebula ne postekleni.
- Dodajte preostale sestavine razen jogurta. Temeljito premešajte. Na majhnem ognju kuhamo 7-8 minut.
- Dodajte jogurt. Dobro premešaj. Pustimo vreti 4-5 minut. Postrezite toplo.

Mešana zelenjava tri v enem

za 4

Sestavine

4 žlice rafiniranega rastlinskega olja

¼ žličke gorčičnih semen

¼ žličke semen piskavice

300 g okre, narezane na kocke

2 zeleni papriki, očiščeni in narezani

2 paradižnika, drobno narezana

2 veliki kumari, drobno narezani

½ žličke čilija v prahu

¼ žličke kurkume

Sol po okusu

metoda

- V loncu segrejemo olje. Dodamo semena gorčice in triplata. Pustite jih jecljati 15 sekund.
- Dodajte okra. Na zmernem ognju pražimo 7 minut. Dodajte preostale sestavine. Dobro premešaj. Na majhnem ognju kuhamo 5-6 minut. Postrezite toplo.

Krompir v jogurtovi omaki

za 4

Sestavine

120 ml vode

3 žlice rafiniranega rastlinskega olja

1 žlička kuminovih semen

1 žlička gorčičnih semen

1 cm naribane korenine ingverja

2 stroka česna, zdrobljena

3 veliki krompirji, kuhani in narezani

200 g jogurta, stepite

¼ žličke polnozrnate moke

1 žlička soli

Za začimbno mešanico:

1 žlička čilija v prahu

½ žličke mletega koriandra

¼ žličke kurkume

¼ žličke garam masala

Ščepec asafetide

metoda

- Sestavine začimbne mešanice zmešamo s polovico vode. Dati na stran.
- V loncu segrejemo olje. Dodamo kumino in gorčična semena. Pustite jih jecljati 15 sekund. Dodajte ingver in česen. Na srednjem ognju jih pražimo minuto.
- Dodajte mešanico začimb in vse preostale sestavine. Temeljito premešajte. Pustimo vreti 10-12 minut. Postrezite toplo.

www.ingramcontent.com/pod-product-compliance
Lightning Source LLC
Chambersburg PA
CBHW071906110526
44591CB00011B/1573